FOTOGRAFIE

DAS SCHÖNE ALS ZIEL

W0325364

FALKEN VERLAG

EWALD STARK

FOTOGRAFIE

DAS SCHÖNE ALS ZIEL

ZUR ÄSTHETIK
UND PSYCHOLOGIE DER VISUELLEN
WAHRNEHMUNG

FALKEN VERLAG

Für Suse, Chris und Marc

CIP-Kurztitelaufnahme
der Deutschen Bibliothek

Stark, Ewald:
Fotografie: d. Schöne als Ziel; zur Ästhetik
u. Psychologie d. visuellen Wahrnehmung /
Ewald Stark. – Niedernhausen/Ts.:
Falken-Verlag, 1982. (Falken-Sachbuch)
ISBN 3-8068-4122-5

© 1982 by Falken-Verlag GmbH,
6272 Niedernhausen/Ts.

Grafische Gestaltung:
Graphic-Design Gebhardt und Lorenz,
7015 Stuttgart-Korntal
Fotos:
Ewald Stark, 7251 Hemmingen
Illustrationen:
Ewald Stark/Gebhardt und Lorenz
Lithographie:
WWS-Repro, 7257 Heimerdingen
Satz:
Typosatz Bauer GmbH, 7012 Fellbach
Druck:
Mairs Graphische Betriebe,
7302 Ostfildern 4

817 2635 4453 6271

INHALT

Wir können die Wirklichkeit nicht ändern.
Laß uns also das Auge ändern, das die
Wirklichkeit sieht.
Nikos Kazantzakis
in »Rechenschaft vor El Greco«

DAS SCHÖNE ALS ZIEL?

Von Ruprecht Skasa-Weiß

Gib zu, am Anfang hast Du gestutzt – fehlte nicht viel, und Du wärst erschrocken. »Das Schöne als Ziel«, welch tollkühner Titel! Eine Absichtserklärung, ein Versprechen, ja, eine Verheißung – ein Buchprojekt, umschweiflos positiv und (grade deshalb?) beinahe allem zuwider, was heute Denk-Mode ist. Denn diesen Glauben ans Schöne, wo gibt es ihn noch, ungescheut? Ist uns das Schöne nicht längst suspekt, ist denn der ganze Begriff nicht schon – tabu? Hier aber, in Ewald Starks fotodidaktischem Werk, gewidmet dem scheinbar so unverdächtigen Themenkomplex »Ästhetik und Psychologie der visuellen Wahrnehmung«, hier wird uns das Schöne schlichtweg als Ziel aufgezeigt, als ein erreichliches: welch naive Verwegenheit! Dieser Titel wirkt rührend – und provokant; betulich – und progressiv; altbakken – und revolutionär.

Man muß das mal überdenken, in aller Ruhe. Gibt's eine Eigenschaft, welche verdächtiger, frag-würdiger, nichtiger wäre als die Beifügung »schön«? Frag-würdig, ja eben! Der Vorbehalt ist grundsätzlich, man möchte nicht hereinfallen auf diese Eigenschaft, aufs Nichts-als-Schöne; schließlich, wir sind gewitzt – »Krieg«, sagt Friedrich Schiller, »Krieg führt der Witz auf ewig mit dem Schönen, er glaubt nicht an den Engel und den Gott«. Ja, unser Vorbehalt ist wohltrainiert, er kennt eine Fülle von relativierenden, schönheitsschmähenden Formeln, schier tausendfältig sind die Abwehrstrategien – als gelte es, sich einer Blendung, eines schlimmen Zaubers zu erwehren.

Das Schöne, papperlapapp, ist eine Schimäre, ein Hirngespinst der Philosophen, so lautet der harscheste Einwand; denn das Schöne »an sich« gibt es gar nicht – was es gibt, sind nur wechselnde Moden, Diktate cleverer Kunst-Propagandisten, Übereinkünfte, flüchtig und wendisch, je nach dem herrschenden Zeitgeschmack. Ein Wahnwitz, dies definieren zu wollen – ist nicht, was heute als häßlich gilt, schon morgen hochattraktiv, und was gestern bellissima war, schmeißt man's nicht übermorgen zum Tand? Wie also? Wie will man etwas derart Irrwischhaftes, das, schwankend genug, allein in unsrer Einbildung zu existieren scheint – wie will man so etwas für fix, für definierbar erklären, es anpeilen, gar ins Visier nehmen, als wär' es ein unverrückliches Ziel? Nee, nee, meine Lieben: das Schöne ist Trug, ist Schimäre, ist philosophischer Firlefanz – Projektion, begünstigt von den widersprüchlichsten Ideen und Motiven, denn es selbst, das Schöne »an sich«, hat noch niemand gesehn. Dies ist die erste Abwehrstrategie.

Die zweite verfährt, nicht minder trotzig, genau andersherum. Natürlich, sagen die Verfechter dieser zweiten Strategie, gibt es das Schöne – nichts leichter denn, als mit dem Schönen sich gemein zu machen, es läßt sich aufspüren, anfertigen, her-stellen, künstlich. Schön und gut – bloß soll darüber nicht vergessen sein, daß die Welt ja nicht bloß aus Schönem und Gutem besteht. Und hier nun ergreifen die Abwehrstrategen den ästhetischen Spieß und kehren ihn um, gegen die Schönheitsapostel: Wer nämlich, so sagen sie jetzt, einzig bedacht aufs Schöne, wer im Schönen sein oberstes, wichtigstes Ziel sieht – neigt so einer nicht, völlig begreiflich, dazu, die Augen zu schließen vor allem, womit die Welt sonst noch erfüllt ist, vor der Häßlichkeit ganz besonders? Treibt er nicht Weltflucht? Flieht er nicht immerfort aus der Realität in den Traum, auf seine kleinen Inseln des Glücks und der Schönheit – da doch die Wirklichkeit unzweifelhaft grauer, nüchterner, scheußlicher aussieht, als sein Schönheitsverlangen wahrhaben mag? Nur der Lebens-Untüchtige, nur der Verfälscher, der Leugner dessen, was Realität ist, mag sich umgeben mit Schönheit – denn das Schöne ist nicht das Wahre; es ist, sofern es den Blick aufs Reale verstellt, schließlich bloß Blend-Werk, Abglanz unsres Heileweltverlangens, schöner Schein – mit einem Wort: Kitsch. So reden sie, unsere Abwehrstrategen. Und sie lassen erkennen, daß sie argwöhnen, dies Buch predige schlichtweg – den Selbstbetrug; denn es verheiße, so meinen sie, das Schöne als – Ausstiegsdroge.

Man sieht, sich zum Fürsprech des Schönen zu machen, ist durchaus tollkühn. Die Vorbehalte, die Ungläubigkeiten nehmen kein Ende – bereits in unsren Redensarten hält ja das Schöne durchweg zu grimmer Ironisierung, Bezweiflung und Mokerie her, wo immer es auftritt: *Na, schön; schön wär's; das wär' ja noch schöner; Sie sind mir ein Schöner* –. Das Wort wird beinah ausschließlich verdreht gebraucht, uneigentlich, es gilt dem Jargon der Uneigentlichkeit als die Lieblingsvokabel. O ja, wir sind gewitzt – ganz schön gewitzt, und schön blöd wären wir, nähmen wir, was die Vokabel bezeichnet, für bare Münze. Denn wir wissen, wie man beschönigt, schön tut – eine Sache verschönert oder auch schönt –; zwar gibt es Geschöntes, aber Gehäßlichtes nicht: das Häßliche ist von allein real genug. Und noch das schönste Gras, weiß eine alte Bauernregel, wird einmal Heu.

Überhaupt, unsere Phrasen, unsre Begriffe! In Holland, man bedenke dies, wählt eine internationale Jury turnusgemäß das »beste Pressefoto des Jahres« – das prämiierte Lichtbild aber, was zeigt es? Eine Hinrichtung; brennende Nonnen; einen Todessturz vom Dach des Wolkenkratzers; ein nacktes, schreiendes Mädchen, vom Napalm versengt. Diese Fotos mögen die »besten« sein – die schönsten sind sie mitnichten. So wäre also ein Unterschied zwischen dem Schönsten und Besten? Gewiß, in diesem Fall; vor allem aber besteht ein Unterschied zwischen dem Medium Fotografie und all den andren Medien, die jene erste Unterscheidung nicht benötigen. In der Lyrik ist das beste Gedicht stets auch das schönste und umgekehrt, und ein Maler, welcher sein schönstes Bild für unverkäuflich erklärt, meint damit, sonnenklar, auch sein bestes.

Indes, die Fotografie hat mit Realitäten zu tun – so sehr, daß viele ihrer Jünger vergessen: sie hat auch zu tun mit Gestaltung. Ebendies ruft Ewald Stark uns ins Gedächtnis. Und sofern eine Fotografie eben mehr ist als bloß ein Schnappschuß, mehr als ein simples Dokument unsrer erbärmlichen Wirklichkeit, nämlich ein (Licht-)Bild, welches gestaltet sein will nach den wohlfixierten Regeln bildnerischer Kompositionskunst – insofern fällt auch für sie das Schönste in eins mit dem Besten. Nur eben – das herstellbare, das beliebig reproduzierbare Schöne, herausgefiltert, selektiert aus einer sonst so trüben, grausen Wirklichkeit, es weckt Argwohn. Es gilt als »schöner Schein«. Man nennt's, wie gesagt, Kitsch.

Nun gibt es Leute, die finden selbst reale Sonnenuntergänge »kitschig«. Und spätestens an dieser Stelle merken wir, was es auf sich hat mit dem Vorbehalt gegen das Schöne: Er kommt aus Angst, aus Mißgunst, aus Unzuversicht! Wenn ein Mensch einem anderen etwas miesmachen will als Kitsch, dann tut er dies offenbar auch, weil ihn das innige Einverständnis des anderen mit dieser Sache herausreizt und stört. Stört – warum? Weil er's ihm neidet; ja, weil er selber gern so einverstanden wäre, dies aber nicht schafft aus Argwohn und Ängstlichkeit. Ihm fehlt's an Naivität, sein Schönheitsargwohn kann keinen unschuldvollen Blick mehr tun auf die Dinge. Der Verächter des Schönen mißtraut dem Bestand. »Zu schön, um wahr zu sein« – in dieser Formel drückt sich seine Abwehr aus, die den lusterregenden Schein peinlich scheut: für ihn ist jedwedes Schöne – Illusionierung; und jede lustvoll erlebte Ästhetik gilt ihm als – Gaukelspiel, als vorgefertigtes Attrappenstück aus einer heilen Welt, welche in Wahrheit doch unheil sei.

Indes, gerade dieses Heileweltverlangen ist menschengemäßer, ist weiter unter den Menschen verbreitet, als unsrem schlauen Schmäher lieb sein kann. Er sieht, nicht ganz zu Unrecht, das Gewöhnliche darin. Nichts ist gewöhnlicher als die Bewunderung von Sonnenuntergängen – und nichts hat der Intellektuelle nötiger, als seine Un-Gewöhnlichkeit, seine Besonderung zu demonstrieren. Daher seine Verächtlichmachung des Schönen dort, wo es allzusehr geliebt wird, im Kitsch. Eine Abwehrhaltung, wie gesagt: Würde man nämlich mitmachen mit dem andern, zustimmen und dessen Geschmack teilen, wäre man schon ein Gemeiner.

Und damit, zweifellos, sind wir bei einem Angelpunkt. Kitsch, aus der Sicht des Kitschkritikers, ist stets das Schöne in quasi untunlicher Vervielfachung, der en masse befriedigte ästhetische Gusto. Kitsch wird nicht einfach nur produziert – er lebt vielmehr aus dem Geiste der Reproduktion, er ist eine Erscheinung im Grund unsrer technischen Welt, von deren mechanischen Vervielfältigungsmöglichkeiten er abhängt. Dem Sonnenuntergangsverächter, dem sonst doch so intellektuellen, unterläuft dabei ein charakteristisches Mißverständnis: er verwechselt das Bild der Natur mit deren Abbild! Das heißt, er reagiert auf die Natur selber, die Wiesen und Kirschblütenzweige und Burgruinensilhouetten, die rotgolden umflammten, so, als hätte er ein Gemälde vor sich oder ein Dia oder die Schlußeinstellung zu einem selbstgedrehten Urlaubsfilm: glühende Sonnenuntergänge über Palmen, Burgen, Segelschiffen – nein danke, das kennen wir in der Tat zur Genüge! Die Massierung schafft den Überdruß. Und wirklich haben wir, so gesehn, heute mehr Sonnenuntergänge in der Welt als jemals früher. Dank den modernen Reproduktionstechniken ist selbst das kostbarste Naturerlebnis zitierbar, mitteilbar, nacherlebbar geworden.

Kitsch, mit andren Worten, ist das beliebig herstellbare und zitierbare Schöne. Daß es uns nicht allein zugehört, ärgert manche von uns mehr, als daß es nicht von Bestand oder trügerisch-illusionistischer Herkunft ist. Teils will er den andren so desillusioniert wie sich selber, teils will er die wenigen eigenen Illusionen mit dem andren nicht teilen. Wo bliebe dann die Exklusivität? Indem er verkündet, ein Kunstprodukt, ein Bildnis oder ein Foto-Motiv sei »im Grunde doch Kitsch«, übt er Protest gegen die Massenmenschenseele, die eigne allemal inklusive. Denn daß er selbst ein solcher Massenmensch sein soll, das macht ihm ja grad so zu schaffen!

Was Wunder, daß er sich gegen das Schöne, welches von jedermann bewundert wird (nur von ihm bitte nicht), energisch zur Wehr setzt! Dabei bedient er sich zum weitren Male einer Strategie, seiner dritten: Er gibt zu, es existiere das Schöne zwar definitiv, und es könne auch, wer seinen Blick aufs Schöne richte, daneben noch immer die Wirklichkeit sehn; nur, das Schöne sei – fad, schal, perfekt, immergleich, geschaffen nach allen gültigen Regeln der Kunst; kurzum, es sei fern jeder Innovation, es »fetze« nicht, schläfre bloß ein, es bedeute den Stillstand. Also: nicht daß dem Schönen keine Dauer innewohne, sei das Manko, sondern – im Gegenteil: daß es so zeitlos sei! Zeitlose Schönheit – was soll sich da ändern? Es ist ein Ziel – und wenn einer angelangt ist, gibt's kein Darüberhinaus. Das Schöne ruht in sich selbst: daher bedarf, wer das Schöne erkennen will, eines kontemplativen Gemüts. Es ist die Vollendung – Steigerung scheint da nimmermehr denkbar (»Das Schönere, das Schönste als Ziel«?); wir Heutigen aber, dem Fort-Schritt ergeben, rastlos und ständig aktiv, träten ins Reich des Schönen ein wie in ein Nirwana der Ereignislosigkeiten: wär's nicht das Ende allen Erkennens, aller faustischen Strebens – wenn wir zum Augenblicke sagten: »Verweile doch, du bist so schön…«?

Dies also die dritte Abwehrstrategie. Und doch – das stärkste aller Motive die Schönheit zu schmähen, stiftet die Eitelkeit: die abwechselnd mit ihrem Wirklichkeitssinn und ihrem »weiterwollenden« Kunstsinn prahlende Sucht, sich der eignen Einmaligkeit zu vergewissern. Es mißhagt uns, daß unser Schönheitsempfinden im Prinzip nicht viel anders sein soll als jenes von Hinz und Kunz, daß unsre Ästhetik auf keinen andren Gesetzen beruht als die Ästhetik von Müllers Lieschen – zumindest unsren »Geschmack« hätten wir gern für uns allein. Ach, fromme Täuschung! Doch um der Täuschung zu frönen, machen wir klaglos die größte Verrücktheit mit – und die Künstler, die ja erst recht was Besondres sein wollen und es nicht schätzen, im Rudel von ihresgleichen unterzugehn, treiben's am ärgsten: aus Furcht, vereinnahmt zu werden vom Massengeschmack, setzen sie alles daran, sich möglichst »neu«, niedagewesen und befremdlich aufzuführen, jedes ästhetische Gesetz stellen sie weniger kühn als mechanisch, rumps, auf den Kopf. So ist aus dem Verlangen nach Aufsehenerregung, aus dem Wunsch nach Besonderung, diesem alten, gewiß legitimen Künstlerinteresse, neuerdings regelrechte Schockiersucht geworden: die kreative Provokation soll schützen vor dem Garaus, dem die Masse unbarmherzig jeder für sie erreichlich gewordenen Kunst zu bereiten weiß.

Tatsächlich hat man so lange unsre alten Sehgewohnheiten zu prellen, zu täuschen, zu ignorieren versucht, tatsächlich hat man so lange »Kunst« gemacht gegen jeden gewöhnlichen Schönheitsbegriff – bis wir am Ende gar nicht mehr wußten, was unsre »Sehgewohnheit« eigentlich war. Dieses Buch hilft sie von neuem aufzufinden. Es geht mit Mut und mit Demut (nämlich mit ebender Demut, welche zum Wissen gehört, daß sich »das Schöne« nie in private, persönliche Pacht nehmen läßt, weil es uns allen gehört, grad wie der Sinn für das Schöne) der Frage nach, welche Seh-Gesetzlichkeiten einwirken auf unser Bilderleben, kurz, welche Faktoren beteiligt sind beim Zustandekommen ästhetischer Wahrnehmung. Dahinter versteckt sich, weiß Gott, nun nichts Besondres – im Gegenteil: diese Gesetze sind die gewöhnlichsten, allgemeinsten, sie gelten für jeden von uns, selbst für die Brüder und Schwestern, die am liebsten unentwegt kopfstehn. Nur haben wir diese Gesetze gründlichst vergessen, verdrängt, hinausgeleugnet aus unserer Welt des Schönheits-Unglaubens. Wie denn anders? Hat nicht schon Dürer gesagt: »Was Schönheit sey, das weiß ich nicht«? Na, bittesehr: wir heute wissen's noch viel weniger.

Das Tolle aber, was Ewald Stark mit seinem Buch beweist, ist eben das: es lassen sich weit mehr verbindliche Aussagen machen, viel mehr positive, jederzeit erklärliche, gesetzmäßig gültige Beobachtungen treffen, als unser Schönheitsargwohn, unser Skeptizismus je noch gedacht hat. Denn schlicht so ist es: Wahrnehmungsgegenstände, die wir als schön bezeichnen, lösen Lust in uns aus – und diese Lustauslöser sind, selbstverständlich, aus wahrnehmungspsychologischer Warte dingfest zu machen; wie sehr, beweist unser Autor immer aufs neue, mit jedem Textkapitel und jeder seiner brillant fotografierten Aufnahmen. Das Buch macht den Versuch, aufgrund von Thesen und Ergebnissen der Gestaltpsychologie, der Psychoanalyse, der Informations-Ästhetik und der vergleichenden Verhaltensforschung objektiv begründete Aussagen zu machen über die Grundlagen des bildnerischen (fotografischen) Gestaltens. So löst der Band das im Titel gegebne Versprechen vollständig ein: er zeigt, auf welchem Wege wir herankommen an unser Ziel, an das Schöne.

Noch immer Zweifel, Bedenken, Skrupel? Haben wir's nicht zur Genüge in Frage gestellt, dieses Schöne? Jetzt, bitte, stellt Ihr Infragesteller doch Euer Infragestellen einmal in Frage! Das Schöne, es existiert, und es ist eine Lust. Ja, warum sollte neben das Freudsche Realitätsprinzip (das von den Schönheitsverächtern stets so beflissen beobachtet wird), nicht dessen Widerpart treten dürfen, nämlich das Lustprinzip? Auch das Lustprinzip – Leute, gebt es doch zu. – ist zuletzt eine Realität, eine seelische Wahrheit. Das Schöne, es existiert!

DIE LUST AM FOTOGRAFIEREN

FOTOGRAFIE ALS HOBBY
BILDERMACHEN MACHT SPASS

Es gibt viele Gründe, warum jemand fotografiert: für wissenschaftliche Zwecke, zur bildenden oder unterhaltenden Information, um soziale Mißstände anzuprangern oder auch einfach nur zum Spaß.

Wer mit der Kamera aus persönlichem Vergnügen Bilder fertigt, ist Amateur – ein »Liebhaber und Verehrer«, wie das lateinische Wort amator besagt. Für solche Liebhaber, die »der Sache Fotografie sehr zugetan sind«, ist dieses Buch geschrieben.

Berufsfotografen leben vom Auftrag. Sie müssen fotografieren. Wir Amateure dürfen es. Das ist unsere große Chance. Wir sind frei von Zwängen und somit frei zu fotografieren, was und wie und wann wir wollen.

In der Freiheit, fotografieren zu können, was ihn wirklich bewegt, stehen dem Amateurfotografen alle Möglichkeiten offen, seine Erlebnisse, Gedanken und Empfindungen im fotografischen Bild sichtbar zu machen.

Die Fotografie wird ihm so zum anspruchsvollen Hobby, seine Freizeit zu erfülltem Tun, wo er auf seine Weise glücklich sein kann.

Fotografieren ist eine Leidenschaft. Man hat an seinen guten Bildern eine innige Freude.
Ein 11jähriger »Fotograf«

Du sollst die Schönheit lieben. Sie ist Gottes Schatten über dem Weltall.
Gabriele Mistral

Das rollende plastische Leben steigt so schnell, daß wir überflutet werden – wir müssen uns auf eine Ebene der Schönheit retten.
Fernand Léger

ÜBER DAS GLÜCKSGEFÜHL DES FOTOGRAFEN
FOTOGRAFIEREN IST AUSSTIEG AUS ZEIT

Der Mensch ist biologisch so »angelegt«, daß er den Genuß sucht und Schmerzen vermeidet. Er strebt danach, bei Störung des Gleichgewichts seiner angeborenen Grundbedürfnisse wie zum Beispiel Hunger, Durst und sexuelle Befriedigung ohne Verzögerung Lust zu gewinnen und Unlust zu beseitigen.

Streben nach Lust kennzeichnet offensichtlich auch einen anderen Antrieb, der bewirkt, daß unablässig alle aus der Umwelt im menschlichen Organismus eintreffenden Sinnesreize auf ihre Bedeutung geprüft werden. Es wird in der Psychologie als Suchverhalten bezeichnet – als eine Art Urneugier, welche bei Fotografen besonders ausgeprägt zu sein scheint: Wer fotografiert, beobachtet nicht nur, sondern hält das Gesehene zusätzlich mit der Kamera fest.

Der sensible Fotograf erfährt so Beglückung auf doppelte Weise: in der Natur selbst und im Bild, das er sich von der Natur macht.

Ich habe einen riesigen Spaß daran, Bilder zu machen: So ist das bei mir, seit ich denke.
Werner Zöhl

Also verdienen alle die Vorgänge unsere Aufmerksamkeit, mit deren Hilfe wir Zeit löschen: nicht vertreiben natürlich, nicht übergehen, sondern wirklich auslöschen…
So hat das Kind ein königliches Verhältnis zur Zeit, nämlich keins, wenn es spielt. Das ist es, was wir an der Kindheit bewundern: Ausstieg aus Zeit, Paradies.
Erhart Kästner

ÜBER DAS GLÜCKSGEFÜHL DES FOTOGRAFEN

FOTOGRAFIE IST BEREICHERUNG DES ANDEREN

Wer in der Fotografie auf die Dauer Befriedigung finden will, möchte seine Aufnahmen auch den Mitmenschen zeigen oder sie Fotozeitschriften anbieten. Er folgt dem uns allen eigentümlichen Bedürfnis, anderen zu sagen, was wir interessant, wesentlich, schön, kurz: mitteilenswert finden.

Spätestens zu diesem Zeitpunkt wird er sich mit Fragen beschäftigen, auf die unser Buch Antworten finden möchte: Woran liegt es, daß meine Fotos Langeweile erzeugen? Wie komme ich zu besseren Ergebnissen? Ist es überhaupt möglich, verbindliche und allgemeingültige Aussagen über die Qualität von Lichtbildern zu machen? Und wenn ja, um welche Gesetzmäßigkeiten handelt es sich? Kann man sagen, warum was schön ist? Wann wirken Lichtbilder?

Sollte es zutreffen, daß der tiefere Sinn des Fotografierens in der Bereicherung des Mitmenschen liegt, kann eine vorläufige Antwort gegeben werden: Fotos müssen dem Betrachter ästhetischen Genuß bereiten. Dies wird nahezu unmöglich, wenn das Dargestellte den rein privaten Charakter gewöhnlicher Erinnerungsfotos trägt und zudem, wie nebenstehende Aufnahme, in herkömmlicher Sicht fotografiert ist.

Mehr Aufmerksamkeit rufen die rechts abgebildeten Fotos hervor. Sie wirken, weil über die allgemein interessierende Sache »Schloß« eine typische Aussage gemacht wird und weil dies in überraschender Sehweise geschieht.

Alle Aufnahmen entstanden zur selben Zeit. Oben rechts wurde ein 17-mm-Weitwinkelobjektiv verwendet. Die sechseckigen Blendenreflexe – hier als bildbestimmende Elemente sorgfältig angeordnet – treten auf, wenn man direkt in die Sonne fotografiert. Im Foto unten rechts spiegelt sich das Schloß im Wassergraben. Objektiv: 85 mm; mit vorgesetztem Blaugrün-Filter.

Wer Freude genießen will, muß sie teilen: Das Glück wurde als Zwilling geboren.
Lord Byron

Zu jeder Kunst gehören zwei, einer, der sie macht, und einer, der sie braucht.
Ernst Barlach

Freude mitzuteilen, ist ja der einzige Zweck aller Kunstarbeit.
Franz Marc

Jeder Wahrnehmungsvorgang wird vom Menschen ästhetisch mitbewertet. Immer spielt die Frage nach Gefallen und Mißfallen eine entscheidende Rolle. In ganz besonderem Maße trifft dies auf Fotos zu. Sie sind vor allem Angebote an den Gesichtssinn; wollen also vom Auge beurteilt und genossen werden. Wir stellen deshalb die Frage nach der Schönheit in den Mittelpunkt des Buches und fragen:

WAS IST WESHALB SCHÖN? WIE FOTOGRAFIERT MAN WAS GUT?

Von Albrecht Dürer stammt das bekannte Wort: »Was Schönheit sey, das weiß ich nicht.« Wer, so könnte man fragen, soll es dann wissen? Ein Blick in das Geschichtsbuch mag weiterhelfen: Im griechischen Altertum zählte die Schönheit neben dem Guten und Wahren zu den höchsten sittlichen Werten. Die klassische Philosophie geht davon aus, daß die Schönheit außerhalb des menschlichen Bewußtseins als etwas für sich Seiendes existiere, in jedem Menschen jedoch allgemein und notwendigerweise wirke und Lust auslöse. Wahrnehmungspsychologen nehmen ebenfalls einen inneren Zusammenhang zwischen Schönheit, Sinnlichkeit, Freiheit, Kunst und Wahrheit an. Daher läßt sich sagen:

- Dem Schönen wird hoher Wert beigemessen.
- Das Schöne ist mit dem Gefühl der Lust verbunden.
- Die Lust stammt aus der Wahrnehmung der Schönheit durch die Sinne.

Aus den letztgenannten Gründen wollen wir zunächst erkunden, wodurch Empfindungen der Schönheit ausgelöst werden und welche Sehgesetzlichkeiten beim Zustandekommen ästhetischer Wahrnehmungen bestimmend sind. Wir hoffen, uns dadurch der Fragestellung, wie man was gut fotografiert, nähern zu können.

DAS LUSTPRINZIP ALS MASSSTAB

SCHÖN IST, WAS MAN SELBST FOTOGRAFIERT

Wenn es zutreffen sollte, daß der Mensch den Genuß sucht und Unlust vermeiden will, dann ist leicht erklärbar, warum er den größten Teil seiner Zeit damit verbringt, sich mit Dingen zu beschäftigen, die ihn glücklich machen: Hunger und Durst werden gestillt, sexuelle Spannungszustände abgebaut, die Neugier befriedigt. Hunger und Durst, Neugier, Schlaf und Sexualbedürfnis gehören zu den angeborenen Trieben. Ihre Befriedigung ist mit Lustgewinn und Glücksgefühl verbunden.

Da auch das »höhere« Bedürfnis nach Schönheit dem Lust-Unlust-Prinzip gehorcht, liegt es nahe, das Lustprinzip zum vorläufigen Maßstab der Schönheitsempfindung zu machen. Die Psychologie unterscheidet zwischen formalen Faktoren, wie zum Beispiel Bildkomposition, Farbgebung, Lichtführung, und assoziativen Faktoren. Als assoziative Faktoren werden Gedanken, Wertvorstellungen, Empfindungen bezeichnet, die bei Betrachtung eines ästhetischen Gegenstandes sich unwillkürlich im Bewußtsein einstellen. Künstlerisch gedachte Fotos zählen zu ästhetischen Gegenständen im weitesten Sinne.

Wie Experimente zeigen, beeinflussen assoziative Faktoren in hohem Maße unser Urteil über Schönheit und Häßlichkeit. Es ist daher folgerichtig, wenn uns – als Beispiel – anspruchslose Knipsbildchen, auf denen die eigenen Kinder dargestellt sind, wertvoller (was in der Regel gleichbedeutend ist mit schöner) erscheinen als blendend gemachte Fotos.

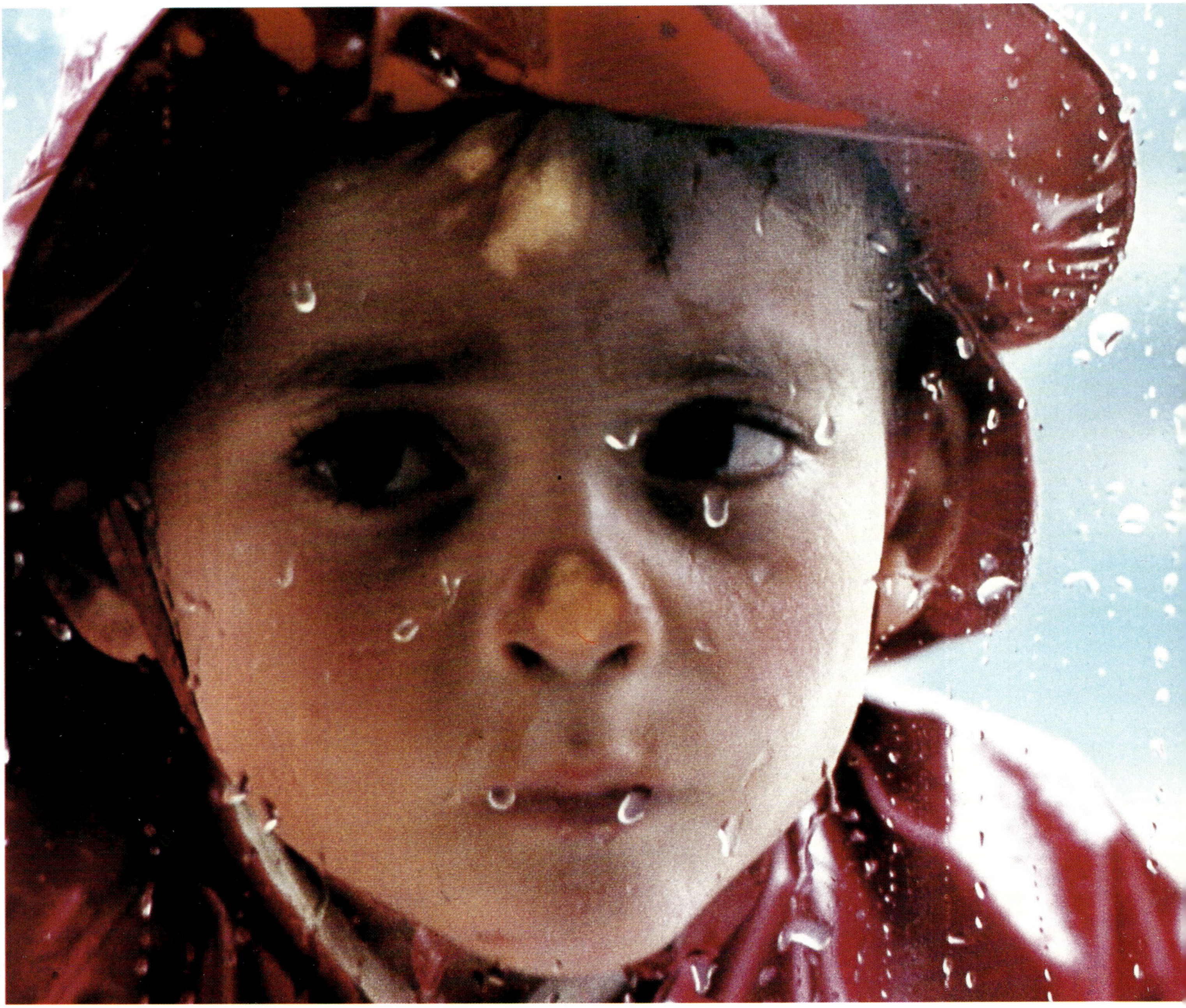

DAS LUSTPRINZIP ALS MASSSTAB

SCHÖN IST, WAS LIEBENDE ZUNEIGUNG AUSLÖST

Es gibt unabhängig von persönlichen Erlebnissen und Vorlieben optische Merkmale, die bei jedem Menschen erhöhte Aufmerksamkeit, Neugier oder Faszination bewirken. Ein solcher Reiz, in der Verhaltensforschung als »angeborener Auslösemechanismus« bezeichnet, ist das »Kindchenschema«. Seine charakteristischen Auslösereize sind, wie die Fotos dieser Doppelseite deutlich zeigen: große Augen, rundliche Körperformen, umschließende Gebärden.

Die »Signalreize« wirken instinktiv, wecken spontane Empfindungen wie Zärtlichkeit, Zuneigung, Beschützen-Wollen und werden gefühlsmäßig als süß, niedlich, lieb, kurz: als »schön« erlebt. Eine besonders intensive Wirkung geht von den Augen aus. Sie besitzen aufgrund ihrer Wichtigkeit bei zwischenmenschlichen Kontakten höchsten Signalwert in Magie, Kunst, Fotografie und Werbung. Verstärkend wirkt ihre kreisrunde Form mit zentralem Punkt und zentrischen Ringen. Dieses »Bildzeichen« hat für den Menschen den höchsten Aufmerksamkeitswert überhaupt – unter allen möglichen Formen.

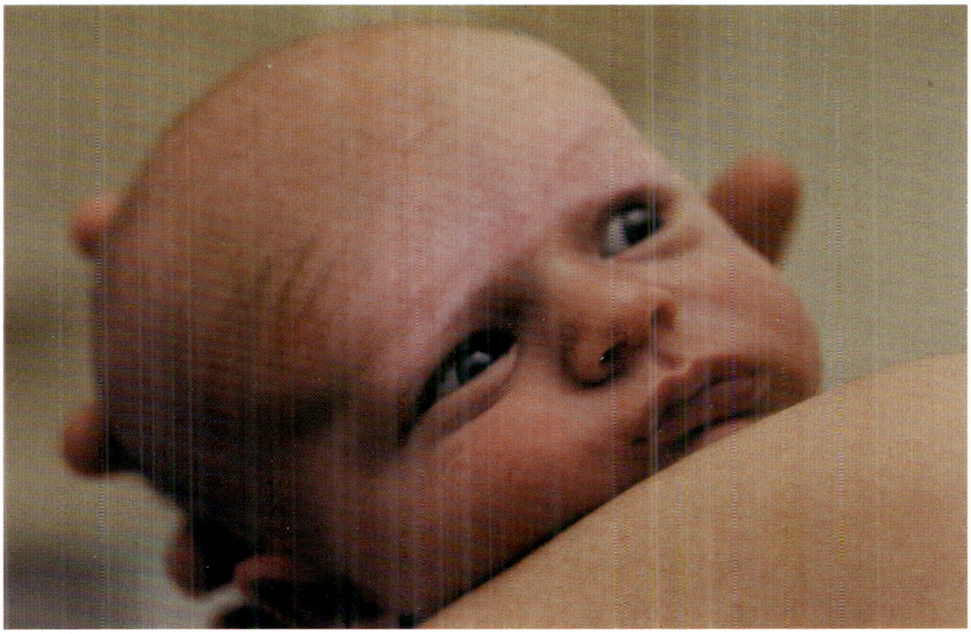

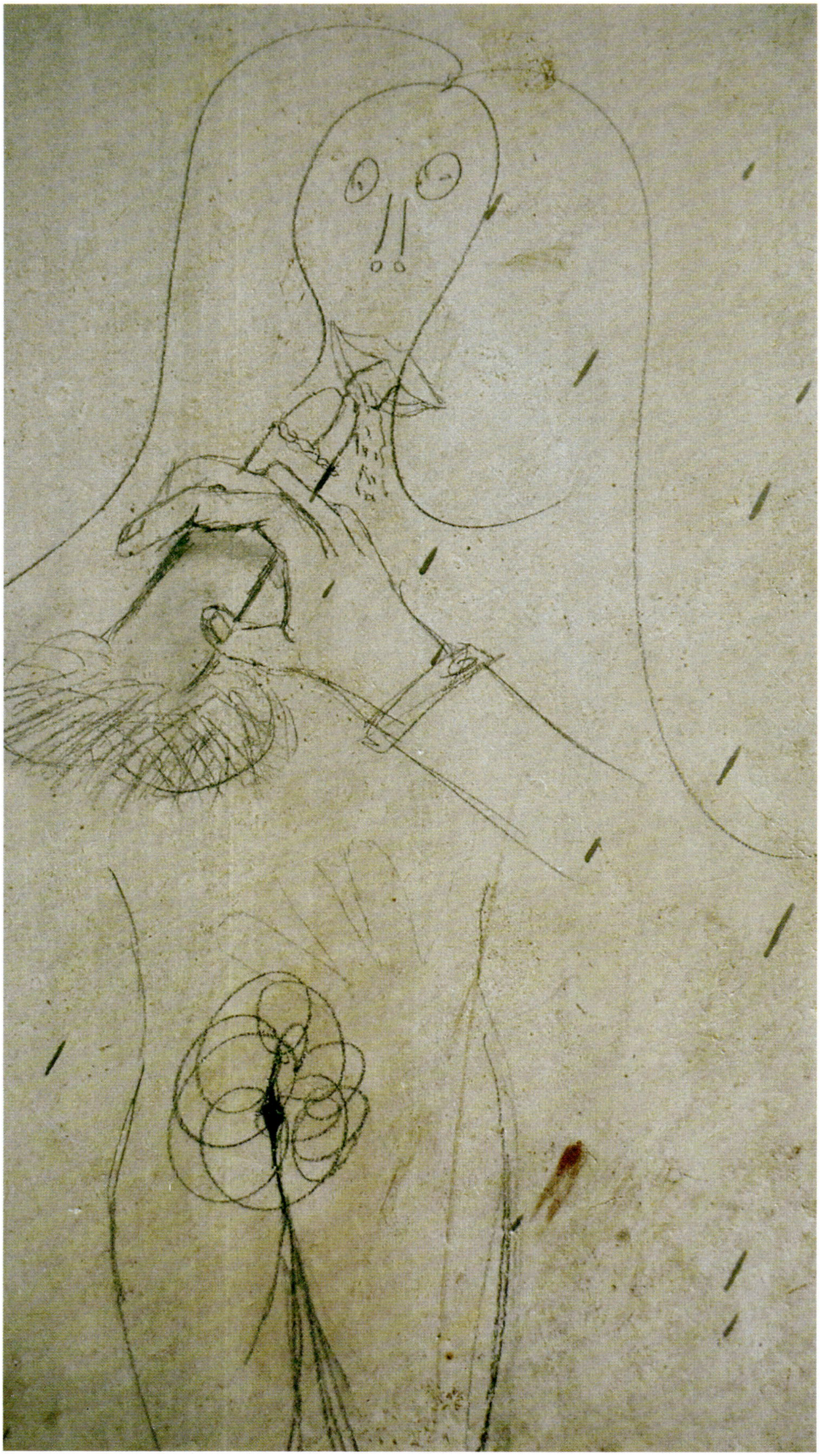

DAS LUSTPRINZIP ALS MASSSTAB
SCHÖN IST, WAS EROTISCH ERREGT

Ursprung aller menschlichen Verhaltensweisen sind die Triebe: Hunger, Hegetrieb, Trieb nach sozialer Anerkennung, Sexualtrieb. Sie bestimmen nicht nur grundsätzliche Handlungsweisen, wie Nahrungsaufnahme oder Sexualkontakte, sondern haben auch einen entscheidenden Einfluß auf die optische Wahrnehmung. Wir geben zunächst grundsätzlich dem Foto den Vorzug, das gefühlsmäßig (emotional) anspricht und durch Inhalt oder Form Lustgewinn verspricht.

Einer der dominierenden Antriebe ist der Sexualtrieb. Sigmund Freud vertrat die Auffassung, daß er der bestimmende »Motor« allen tierischen und menschlichen Verhaltens sei. Die Frage, ob man dieser Theorie zustimmt oder nicht, kann hier unbeachtet bleiben. Die Aufmachung von Illustrierten und Fotozeitschriften jedenfalls widerlegt sie nicht. Dasselbe gilt für Werbeanzeigen mit erotischen Abbildungen. Wie sich mit Hilfe des Lügendetektors experimentell nachweisen ließ, erinnert man sich an sie doppelt so gut wie an Anzeigen ohne erotisch-sexuelle Bildelemente. Sie wirken lusterregend oder triebbegleitend und lösen dadurch die Empfindung »schön« aus.

Fotos mit erotisch-sexuellen Merkmalen gehören zu der Gruppe von Abbildungen, die primär nicht durch das Dargestellte, sondern durch ihren emotionalen Gehalt wirken. Wie beim »Kindchenschema« tritt hier ein »angeborener Auslösemechanismus« in Erscheinung, dem sich niemand bewußt entziehen kann.

Belegt wird diese Tatsache gerade durch die Behauptung von Versuchspersonen, bei der Betrachtung sexuell stimulierender Fotos keinerlei Gefühlsregungen zu haben. Denn auch ihnen gingen die Abbildungen »unter die Haut«, d.h., ihr elektrischer Hautwiderstand änderte sich schlagartig, wenn sexuelle Bildinhalte auftauchten. Dabei spielte es keine Rolle, ob eine bewußte Wahrnehmung möglich war oder ob die Bilder nur unterschwellig aufgenommen werden konnten – was bei einer Darbietungszeit unter 1/5 Sekunde der Fall ist.

Wie nachhaltig erotische Fotos emotional erregen und was als schön oder aber als abstoßend empfunden wird, hängt vor allem

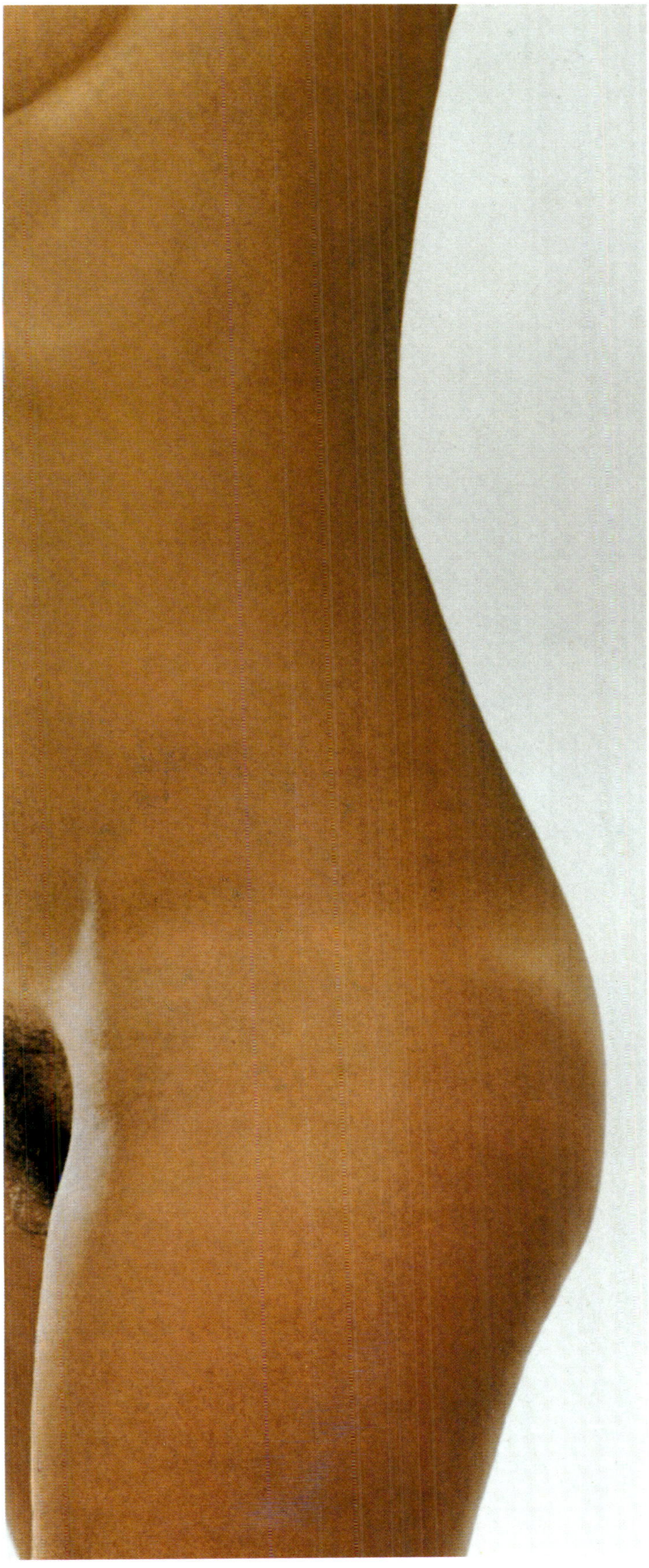

von folgenden Faktoren ab: allgemein herrschende Moral, individuelles moralisches Empfinden, Erziehung. Ebenso ist es davon abhängig, ob jemand zum Zeitpunkt der Betrachtung unter Triebspannung steht oder aber sexuell ausgeglichen ist.

Prüfen Sie sich selbst: Finden Sie die Darstellung auf der Hauswand in einer süditalienischen Stadt als lyrische Amateurerotik schön oder pornographisch widerwärtig? Empfinden Sie sie als »künstlerische« Reaktion auf Triebstauung oder als einfach lustig?

Die Abbildung ist übrigens ein treffendes Beispiel für die »Reizsummenregel« (s. auch S. 134). Sie besagt, daß Häufung und Übertreibung von auslösender Merkmalen (hier sexuelles Bildzeichen + überproportionale Darstellung + außergewöhnliche Sehweise) unbewußt zur Verstärkung des Eindrucks führen.

Ich male und male, bis ich hineinzwicken möchte; dann weiß ich, daß es gut ist.

Der Maler Auguste Renoir, auf die Frage, wann er denn wisse, ob ein Frauenbildnis vollendet sei.

DAS LUSTPRINZIP ALS MASSSTAB
SCHÖN IST, WAS EMOTIONAL GEFÄLLT

»Die wirksamste Werbung ist nicht die informative, sondern die suggestive Werbung. Es genügt…, das Produkt oder den Produktnamen zusammen mit angenehmen Stimuli zu präsentieren« (Dr. W. Kroeber-Riel; Institut für Konsum- und Verhaltensforschung an der Universität des Saarlandes).

Bei den Untersuchungen zeigte sich, daß zum ersten in bestimmten Situationen der Mensch instinktiv reagiert, und daß zum zweiten die Instinkte bevorzugt von ganz bestimmten »Signalreizen« wie Südseepalmen, erotischen Frauenbildnissen, jungen Liebespaaren mit wehenden Haaren, Mutter-Kind-Darstellungen angesprochen werden.

Daraus läßt sich allgemein folgern: Lichtbilder, in denen gefühlsmächtige optische Signale, »angenehme Stimuli«, vorkommen, erhöhen unbewußt die Aufmerksamkeit des Betrachters. Optimal – hier gleichbedeutend mit »schön« – wirken sie dann, wenn zusätzlich das Dargestellte erstens eindeutig zu erkennen ist, und wenn sie zweitens den einfachsten Bildaufbau besitzen, der unter den gegebenen Aufnahmeumständen möglich war.

Was bedeutet dies für denjenigen, der schöne Fotos machen will?

Er muß Motive fotografieren, die den Bereich der Emotion ansprechen, und er muß sie so fotografieren, daß er mit wenigen bildnerischen Mitteln (Formen, Linien, Farben) eine große Ausstrahlung erzielt. Dann kann er sich der Wirkung auf den Betrachter sicher sein.

DAS LUSTPRINZIP ALS MASSSTAB

SCHÖN IST, WAS ÜBERRASCHT

Es gibt Fotos, die schon im ersten Augenblick faszinieren und oft jahrelang im Gedächtnis haften – obwohl sie weder privaten Charakter haben noch inhaltliche Signalreize wie etwa sexuelle Symbole aufweisen.

Widerlegen solche Abbildungen die These des Lust-Unlust-Prinzips? Keineswegs, denn bei näherer Betrachtung finden sich andere emotionale »Lustmacher«, welche »automatisch« die Aufmerksamkeit erregen und im Bewußtsein den Eindruck »schön« bewirken. Bei nebenstehendem Foto und den Abbildungen der folgenden Doppelseite handelt es sich um auslösende Merkmale, die durch das Moment der Überraschung gekennzeichnet sind. Sie weichen insgesamt oder im Detail von dem ab, was der Betrachter normalerweise erwartet. Dies kann Neugier erwecken sowie den Wunsch, sich intensiver mit den Bildinhalten auseinanderzusetzen.

Das Geheimnis des Überraschungsmomentes bei »Don Camillo« liegt zunächst einfach in der ungewöhnlichen Situation: Wo sieht man schon Priester und Schäferhund in solch witzig-heiterer Gegenüberstellung?

Also reines Glück des Fotografen, ein einmaliges Motiv vor die Kamera bekommen zu haben? Nein, denn man hätte auch ganz anders fotografieren können, weniger bildwirksam. Zweites Überraschungsmoment ist somit die formale Gestaltung: Fotos, welche inhaltlich vornehmlich vom Überraschungseffekt leben, müssen auch überdurchschnittliche Gestaltqualitäten haben, da die Überraschung – wie bei einem Witz – nur einmal wirkt.

DAS LUSTPRINZIP ALS MASSSTAB
SCHÖN IST DAS ANDERS GESEHENE

Bilder, deren Wirkung auf Reizmerkmalen des Überraschenden beruhen, wecken die Aufmerksamkeit, indem sie verblüffen: entweder wegen ihres Inhalts oder wegen ihrer Form oder wegen beidem. Sie lösen Neugier und Wißbegierde aus. Sie können auch den Anstoß geben und den Wunsch hervorrufen, selbst solche Lichtbilder anzufertigen.

Das Foto »Don Camillo« wirkt durch seinen Inhalt: durch das, was dargestellt ist. Die Abbildungen dieser Seite dagegen beziehen ihren Aufmerksamkeitswert vor allem aus ihrer Form: aus der Art und Weise, wie etwas dargestellt wird.

Bei der Außenaufnahme von Notre-Dame in Paris lag die Kamera einige Sekunden ruhig auf, bevor sie kurz und schnell in ablesbarer Richtung bewegt wurde (17-mm-Fisheye-Objektiv). Das flirrende Licht (unscharfe weiße Punkte) auf dem Kathedralenfenster von Chartres entstand durch unscharfe Einstellung im letzten Moment der 4 Sekunden währenden Belichtungszeit.

Ich liebe Symbole. Man fotografiert etwas Banales und gibt es anders wieder. Die Leute verstehen sofort und sagen: Ach, so habe ich den Eiffelturm, die Freiheitsstatue noch nie gesehen! In diesem Moment weißt du, daß du etwas geschaffen hast.
Pete Turner

Es handelt sich nicht darum, daß etwas anderes gesehen wird, sondern daß man anders sieht.
C. G. Jung

Bekanntes zu geben, ist keine Kunst. Bekanntes zu geben ist Wiederholung. Die künstlerische Leistung ist, dem Unbekannten entgegenzugehen.
Willi Baumeister

DAS LUSTPRINZIP ALS MASSSTAB
SCHÖN IST, WAS DIE NEUGIER BEFRIEDIGT

Neugier gehört zu den menschlichen Grundbedürfnissen. Sie spielt als Antrieb zur Orientierung und Erforschung der Umwelt eine wichtige Rolle. Neuere Forschungen haben erwiesen, daß sie eine notwendige Voraussetzung ist für die Entwicklung des Menschen. Wo das angeborene Neugierverhalten langfristig unterbunden wird, können sich weder Intelligenz noch Kreativität entwickeln. Mehr noch: Kinder, die ohne Liebeszuwendung und bewußte Reizzufuhr in sozialer Isolation aufwachsen, sind unfähig zu normalem zwischenmenschlichem Verhalten.

In abgewandelter Hinsicht trifft dies, wie jedermann schon an sich selbst erfahren hat, auch für den erwachsenen Menschen zu. Er reagiert, sofern er ständig eintönigen und sich wiederholenden Lebenssituationen ausgesetzt ist, aggressiv oder stumpft psychisch ab. Eine parallele Erscheinung existiert im menschlichen »Sehapparat« Auge-Gehirn: Wird einer Sehzelle der Augennetzhaut ununterbrochen derselbe Reiz zugeführt, so gibt sie schon nach wenigen Sekunden keine Impulse mehr an das Gehirn weiter. Sie »sieht« nichts mehr.

Fotos, die wirken sollen, müssen deshalb so gestaltet sein, daß sie elementare Antriebe wie die Neugier befriedigen.

Aufnahmen, die »gierig« machen wegen ihrer Neuheit, brauchen nicht aus exotischen Fernen zu stammen. Sie können »vor Ort« entstehen. Voraussetzung sind allerdings ausgeprägtes Neugierverhalten des Fotografierenden, ein hinlänglich geschultes Auge und Lust am Experiment. Fotografiert wurde (S. 30) aus dem fahrenden Auto gegen die untergehende Sonne. Da es gerade zu schneien begonnen hatte, entstanden auf der Windschutzscheibe explosionsartig zerstreute Schnee-Wasser-Kristalle. Sie bildeten sich auf dem Film als Sechsecke ab. Belichtet wurde unter Verwendung eines 135-mm-Objektivs bei 1/125 s und Blende 16 auf Agfachrome 50 S.

Bei dem Foto auf Seite 31 handelt es sich um eine Sandwich-Aufnahme (s. S. 136). Das Ausgangsmotiv ist auf Seite 199 abgedruckt. Es wurde zusammen mit einer Mondaufnahme eingeglast.

Schon immer war es meine Neugierde, die meinen Weg bestimmt, meine Seele bereichert hat. Immer schon bin ich neugierig gewesen, die wundersamen Wege der Natur zu verstehen, mich mit kritischem Blick des totalen Fragens in den unendlichen Reichtum an Farben und Formen hineinzuversetzen. Das ist eine ständige Offenbarung und vor allem eine Faszination, die schwer zu verstehen ist, weil für mich dieses Vergnügen an der Beobachtung zu Einsichten und absolutem Verständnis führt.
César Manrique

Gewöhnliches Leben interessiert mich nicht. Ich suche nur die Höhepunkte; wie die Surrealisten suche ich nach dem Wunderbaren.
Anaïs Nin

DAS LUSTPRINZIP ALS MASSSTAB

SCHÖN IST DIE PRISE WUNDER IM SINNENHAFTEN

Neugier zeigt sich auf doppelte Weise: zum einen als Suche nach Abwechslungsreichtum und Vielfalt der Eindrücke und zum anderen als Antrieb, in der Vielfalt der Eindrücke Ordnung und Struktur, das dahinterstehende Gesetz zu erkunden.

Beide Verhaltensweisen zeichnen den schöpferischen Menschen aus. Es verwundert deshalb nicht, wenn zwischen Neugier und Kreativität enge Verbindungen festgestellt werden konnten. Wer mit großem »Reizhunger« begabt wurde, verfügt auch über das ausgeprägte Bedürfnis nach ästhetischen Strukturen – oder, kurz, nach dem Schönen.

Fotoamateure, die Freude an der künstlerisch orientierten Fotografie – am schönen Bild – haben, sollten darum ihre »Augenlust« kultivieren. Und sie sollten sich intensiv damit beschäftigen, wie man neugierauslösende Motive in der Natur aufspürt und sie in geordnete Bildstrukturen umsetzt. (Das Foto auf S. 33 oben entstand durch extreme Überbelichtung.)

Nicht das Bekannte, das Vertraute, das schon Durchdachte oder das doch höchst dringlich zu Bedenkende fesselt mich, sondern vielmehr das Neue, das Unverhoffte, die Prise Wunder im Sinnenhaften.
Hans-Jürgen Heise

DAS LUSTPRINZIP ALS MASSSTAB
ÜBER DAS SCHÖNE AN SICH

Gefallen Ihnen die beiden Fotos?
Wenn ja, läßt sich eine Begründung finden?

Sind sie »schön«, weil Sonnenuntergänge allgemein angenehme Gefühlsregungen auslösen? Oder spielen Erinnerungen an Momente persönlicher Glücksempfindung eine Rolle?

Eindeutige Antwort zu geben, macht Mühe. Bei der Beurteilung des rechten Fotos gar versagt unsere bisherige Fragestellung gänzlich. Es ist für den Betrachtenden weder persönlich wertvoll noch enthält es irgendwelche emotionalen »Lustmacher«.

Wenn Bilder gleicher oder ähnlicher Art in unserem Bewußtsein trotzdem eine lustbetonte Empfindung und den Wunsch hervorrufen, sie besitzen zu wollen als »Fest für das Auge«, so gibt es dafür nur eine Erklärung: Wir folgen einem ästhetischen Bedürfnis, dem Bedürfnis nach dem »Schönen an sich«.

Das Bild sei ein Fest für das Auge.
Eugène Delacroix

Es gibt nichts auf Erden, das nach Schönheit begieriger wäre und sich leichter verschönt als eine Seele... Darum widerstehen auch sehr wenige Seelen auf Erden der Herrschaft einer Seele, die sich der Schönheit hingibt.
Maurice Maeterlinck

IST SCHÖNHEIT SUBJEKTIV? **ODER GIBT ES EIN ÄSTHETISCHES MASS?**

In der Alhambra wird ästhetisches Bedürfnis mißbraucht als Ausdruck despotischer Macht. Hier steigert sich die Freude am Schönen zur Sucht nach optischer Maßlosigkeit. Hier verwirklicht ein einzelner auf Kosten aller anderen, was ihn unerreichbar, gottgleich über diese anderen hebt. Hier versetzt einer in Staunen – über Jahrhunderte hinweg, wie jeder Besucher selbst feststellen kann.

Wie denn, könnte man fragen, wenn wir heute noch staunen: Hat hier nur einer gelebt, wie wir alle gerne leben würden – wenn wir könnten? Wäre es doch nicht so willkürlich, was Menschen ästhetisch bevorzugen? Gäbe es doch objektiv gültige Regeln des »Schönseins«?

Unsere seitherigen Betrachtungen weisen zumindest darauf hin. Gestützt wird die Annahme durch Aussagen bedeutender Künstler aller Zeiten. In dieselbe Richtung deuten experimentelle Untersuchungen der Gestaltpsychologie, der Informationsästhetik und der Vergleichenden Verhaltensforschung. Deren wesentlichste, für unsere Fragestellung relevanten Erkenntnisse werden auf den folgenden Seiten kurz umrissen und mit Bildbeispielen anschaulich belegt.

GIBT ES EIN ÄSTHETISCHES MASS?
DIE NATURSCHÖNHEIT ALS VORBILD

Gibt es ein ästhetisches Maß?

Gerhard Gollwitzer überliefert in seinem Buch »Die Kunst als Zeichen« die Geschichte jenes Japaners, der sich im Gespräch über künstlerische Qualität mit einem einzigen Wort äußerte: »Hara«! Das heißt, er spüre es im Bauch, ob etwas echt sei oder nicht.

Kann das Maßstab sein? Ja, wenn hinter der intuitiven Einfühlungsgabe Liebe zur Kunst, Wissen über Kunst und fortdauernde Beschäftigung mit Kunst (oder Fotografie) stehen. Dann kann subjektives »Hara«, obwohl es dem Verstand keinen Beweis bietet, zum höchsten und höchst objektiven Maßstab werden. Aber eben nur dann!

»Niedrigere« Maßstäbe lassen sich finden: zum Beispiel die Naturschönheit. Ihre Vollkommenheit galt dem Menschen seit jeher als Vorbild, an dem er seine ästhetischen Hervorbringungen gemessen hat. Wie läßt sich das erklären?

Vielleicht mit der Mutmaßung: Alles in der Natur ist schön.

Schön an ihr ist, was auch im Bild Gefühle des Wohlgefallens auslöst:

- ihre Präzision
- ihre regelmäßigen Gestalten
- ihr organisches Wachstum
- ihr dynamisches Gleichgewicht
- ihre harmonische Ordnung.

Die Natur erscheint mir fantasievoller als das begabteste Hirn. Meine Leistung besteht darin, aus der Fülle des Vorhandenen das für mein Bild Geeignete zu ersehen und viel, viel Überflüssiges auszuscheiden. Ich versuche, mit meinen Augen zu denken.
Hans Martin Erhardt

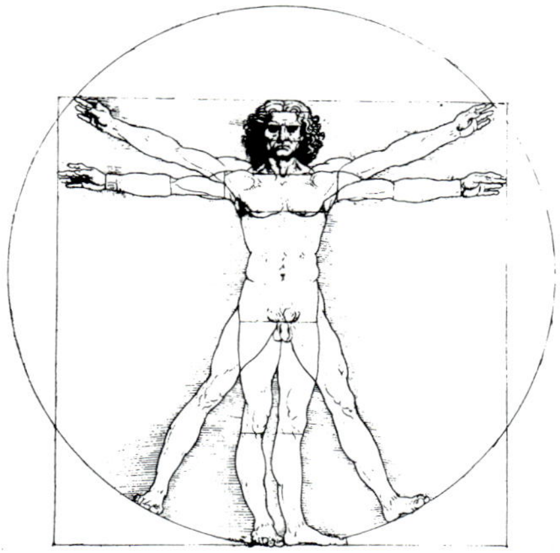

GIBT ES EIN ÄSTHETISCHES MASS? **DIE GÖTTLICHE PROPORTION ODER DER GOLDENE SCHNITT**

Die Natur hat den menschlichen Körper so geschaffen, daß das Angesicht vom Kinn bis zum oberen Stirnrand den 10. Teil der Körperlänge beträgt, welche Ausdehnung auch die Hände vom Gelenk bis zur Spitze des Mittelfingers besitzen. Als natürlicher Mittelpunkt des menschlichen Körpers ergibt sich sodann der Nabel. Wenn man nämlich einem Menschen Hände und Füße ausstreckt und in seinen Nabel als Mitte einen Zirkel einsetzt, so werden sowohl die Fingerspitzen als auch die Zehen vom Kreis berührt.
Wie aber der Kreis mit der Menschengestalt in Zusammenhang steht, so nicht minder das Quadrat: Nimmt man nämlich das Maß von den Fußsohlen bis zur Scheitelhöhe und vergleicht es mit der Strecke zwischen den ausgespannten Armen, so ergibt sich die gleiche Größe nach Breite und Höhe.
Vitruvius Pollio Vitrus, 25 v. Chr.

Wer die Schönheit der Natur als ästhetisches Maß anerkennt, fotografiert deshalb nicht notwendigerweise gut. Er muß sie erst, wie Dürer sagte, »herausreißen«, denn nur »wer sie heraus kann reißen, der hat sie«. Mit anderen Worten: Die Formen und Farben müssen auf der Bildfläche so vollkommen angeordnet sein, daß sie dieselbe Schönheitsempfindung hervorrufen wie das Ideal Natur. Eine Möglichkeit liegt in der Proportionierung nach den Regeln des Goldenen Schnitts.

Das »göttliche Maß«, wie es im Mittelalter bezeichnet wurde, ist seinem Wesen nach ein menschliches Maß. Es besagt, daß sich bei der Teilung einer Strecke in zwei ungleiche Teile der kleinere zum größeren verhält wie der größere zum Ganzen.

»Aus wohlerwogenen Proportionen ergibt sich Schönheit überall.« Was Phokylides im 6. Jh. v. Christus als Hypothese formulierte, versuchte Pythagoras später zu beweisen. Er entdeckte, daß musikalische Klänge dann harmonisch sind, wenn sie bestimmten Zahlenverhältnissen auf Saite und Flöte entsprechen, und daß dieselben Zahlenverhältnisse (z. B. am regelmäßigen Fünfeck) dem Auge wohlgefällig erscheinen. Dies führte ihn zu der aufsehenerregenden Schlußfolgerung: Das Geheimnis alles Seienden in Natur und Kunst ist in einfachen Zahlen und einfachen geometrischen Figuren begründet. Als Meisterwerk der Natur und zugleich höchstes Geschöpf galt der Mensch.

Von seinem wohlgeformten Körper wurde das ästhetische Maß für religiöse Bauten abgeleitet. »Ohne Symmetrie und Proportionalität«, schreibt Vitruvius, »kann kein Tempel eine stilistisch vollendete Gestalt erreichen«.

Wesentliche Bedeutung kommt den Proportionen des Goldenen Schnitts zu. Sie lassen sich sowohl am menschlichen Körper als auch an den meisten klassischen Skulpturen der Antike nachweisen. Dasselbe trifft auf die Tempelbauten zu.

Ich bin kein Träumer, sondern Mathematiker, und meine Bildhauerei ist gut, weil sie das Produkt mathematischer Überlegungen ist.
Auguste Rodin

Meine Arbeit in Architektur und Malerei nährt sich seit über dreißig Jahren vom Mark der Mathematik.
Le Corbusier

GIBT ES EIN ÄSTHETISCHES MASS?
DER GOLDENE SCHNITT MACHT DAS GUTE LEICHT

Ist es möglich, mit Hilfe des Goldenen Schnitts die Schönheit aus der Natur fotografisch »herauszureißen«? Verfügt man damit über den gesuchten Maßstab, der untrüglich wie ein fotografischer Belichtungsmesser die richtigen Werte anzeigt?

Zweifellos steht fest:
Der Goldene Schnitt läßt sich an zahllosen Gebilden der Natur wie auch an Gebrauchsgegenständen und Kunstwerken aller Stilepochen nachweisen. Das Vertrauen bedeutender Künstler von Leonardo da Vinci über Dürer bis zu Le Corbusier auf Zahl und Gesetzmäßigkeit entspringt dem Verlangen des menschlichen Geistes nach Ordnung.

Auge und Gehirn bevorzugen die »Göttliche Proportion« in doppelter Hinsicht: Sie wird von der überwiegenden Zahl der Menschen sowohl schneller wahrgenommen als auch ästhetisch höher bewertet.

Daraus läßt sich ableiten: Fotos, die nach den Gesetzen des Goldenen Schnitts aufgebaut sind, bewirken zunächst höhere Aufmerksamkeit und größeren visuellen Genuß, kurz: sind »schöner« als andere – vorausgesetzt, diese anderen haben nicht gleichwertige oder höhere Qualitäten wie z. B. Originalität, Farbdynamik und gewisse emotionale Auslöser. Aus dem Nachsatz geht hervor, daß durch formale Gestaltung nach dem Goldenen Schnitt nicht zwangsläufig ein fotografisches Meisterwerk entsteht. Es soll lediglich zum Ausdruck gebracht werden, wie man mit Hilfe einer bestimmten Maßordnung, die – wie Albert Einstein sagte – »das Schlechte schwierig und das Gute leicht macht«, zu ermutigenden Anfangserfolgen kommen kann.

...es ist eine glückliche Feststellung, daß der Mensch überall und immer sein Tun den Maßen seiner Glieder, der Weite seiner Gebärden angepaßt und dadurch ein Universum im Maßstab seiner eigenen Bewegungen geschaffen hat.
Le Corbusier

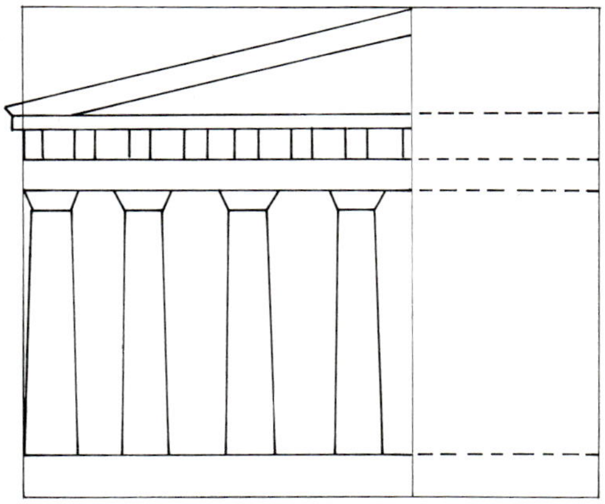

Bei den abgebildeten Beispielen handelt es sich um eine Statue aus Delphi und den Parthenontempel in Athen. Besonders am letzteren ist sehr schön zu sehen, wie auf das genaueste Gesamtbauwerk und Einzelbauteile (Säulen, Giebelfeld, Schmuckbänder) den »goldenen« Proportionen entsprechen.

Da dem »göttlichen Maß«, wie es im Mittelalter genannt wurde, auch im heutigen künstlerischen Gestalten ein großes Gewicht beigemessen wird, soll seine Entstehung noch einmal kurz ins Gedächtnis gerufen werden:

Bei der asymmetrischen Unterteilung einer Geraden ergeben sich theoretisch unendlich viele Möglichkeiten; eine davon wird als besonders wohlgefällig bevorzugt: eben die des Goldenen Schnitts. Er unterteilt die Gerade in der Weise, daß der kleine Abschnitt (a) sich zum großen Abschnitt (b) so verhält wie der große (b) zur Gesamtlänge (a+b). Dadurch entstehen folgende Proportionen:
a:b = b:(a+b) = 1,9:3 = 3,1:5 oder, annähernd, wie 5:8.

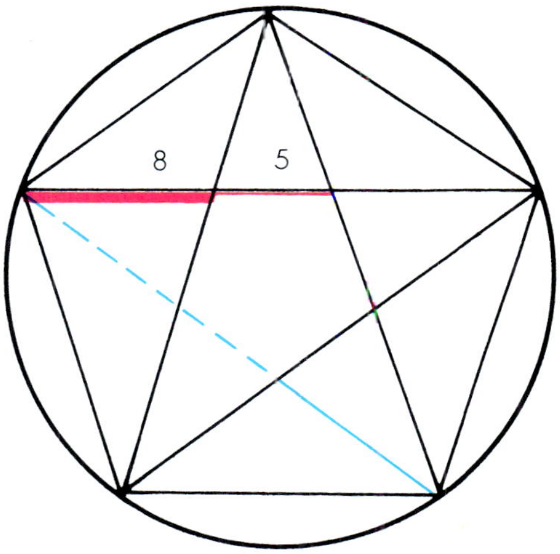

Die Pentagrammseiten teilen sich stetig im Goldenen Schnitt.

Ein eindrucksvolles Beispiel aus der Natur stellt das Eichenblatt dar. Rudolf Engelhardt kam bei Messungen der Längs- und Querachsen von 500 Blättern zu folgenden Ergebnissen: 235 zeigten genau die Maße des Goldenen Schnitts; 96 wichen 1 mm, 92 2 mm, 30 3 mm, 50 4 mm davon ab.

Niemand wird jedoch ein Weidenblatt deshalb als häßlich bezeichnen. Anderes ist gemeint: So wie nach den »göttlichen Proportionen« gewachsene Lebewesen besonders schön erscheinen, so ästhetisch wohlgefällig wirken danach gestaltete fotografische Bilder.

GIBT ES EIN ÄSTHETISCHES MASS? **DIE SUCHE NACH DER MATHEMATISCHEN FORMEL**

Feste ästhetische Regeln gibt es nicht. Der Künstler schafft seiner Natur, seinem Instinkt folgend das Werk.
Emil Nolde

Die Erfindungsgedanken sind etwas nahezu Traumhaftes, die Eingebungen sind nicht lehrbar. Aber die Verarbeitungsmöglichkeiten sind in der Hauptsache lehrbar und kontrollierbar.
Adolf Hoelzel

Was der bedeutende Maler und Lehrer Hoelzel über die Malerei aussagte, gilt gleichermaßen für das Medium der künstlerisch orientierten Fotografie: Auch hier können »Verarbeitungsmöglichkeiten« gelehrt werden. Der Goldene Schnitt gehört dazu. Er stellt ein verläßliches Mittel dar, um Formen und Farben in einem Foto so anzuordnen, daß die meisten Menschen ihren Spaß daran haben.

Das ist ein guter Ansatz. Aber eben nur ein Ansatz, der die Ausnahme meßbar macht. Gesucht jedoch wird die Regel, nicht die Ausnahme.

Gesucht wird die mathematische Formel; die Formel, mit deren Hilfe es möglich wäre, ästhetische Gebilde nach Maß und Zahl zu erzeugen als auch zu beurteilen. Bis heute, so kann man vorwegnehmen, gibt es diese Formel nicht.

Am bekanntesten dürften Überlegungen des amerikanischen Mathematikers George D. Birkhoff sein. Er entdeckte bei der Untersuchung regelmäßiger Vielecke und chinesischer Vasen mathematische Zusammenhänge zwischen der Ordnung (O) und der Komplexität (C) und leitete daraus die Formel eines ästhetischen Maßes (M) ab: $M = \frac{O}{C}$.

Ein ästhetisches Gebilde (Foto) ist also dann schön, wenn es einen möglichst hohen Ordnungsgrad bei möglichst geringer Komplexität (= Menge und Vielfalt der Einzelteile) besitzt. Sein ästhetisches Maß M (oder seine Schönheit) steigt bei gleichbleibender Komplexität mit der Ordnung; bei gleichbleibender Ordnung steigt es mit sinkender Komplexität. Nichtmathematisch ausgedrückt: Je leichter und rascher ein Foto wahrgenommen, »verstanden« wird, desto höheren ästhetischen Genuß löst es aus (desto schöner ist es).

Leider hat die Gedankenkette einige schwerwiegende Fehlglieder:

- Ein ästhetisches Maß, das nicht mit der Information (= Komplexität), sondern dem Grad der Ordnung wächst, führt zu reiner Regelhaftigkeit und damit zu Eintönigkeit und Langeweile.
- Untersuchungen ergaben, daß für zahlreiche Personen das ästhetische Maß M sowohl mit zunehmender Ordnung als auch mit wachsender Komplexität steigt. Diese Ergebnisse würden die Ansicht von H. J. Eysenck bestätigen, der der Meinung ist, das ästhetische Maß sei ein Multiplikationsergebnis aus Komplexität und Ordnung: $M = C \times O$ also.
- Die Formel erfaßt, sowohl in der Birkhoff'schen als auch in der Eysenck'schen Version, weder individuelle Faktoren noch allgemein wirkende Auslösemechanismen, wie wir sie unter »Das Lustprinzip als Maßstab« dargestellt haben.

Was bleibt also?

Beide Begriffe spielen bei der Beurteilung von Bildern eine wesentliche Rolle. Höchstes ästhetisches Wohlgefallen lösen solche Fotos aus, in denen ein ausgewogen komplexes Maß an inhaltlicher und formaler Information (*was* dargestellt ist und *wie* es dargestellt ist) so angeordnet wird, daß der Betrachter immer aufs neue überrascht ist: ein »Schwebezustand« zwischen Originalität und Regelhaftigkeit, der sich mathematisch nicht exakt fassen läßt.

Was wir unter Schwebezustand verstehen, soll auf der folgenden Doppelseite näher erläutert werden.

Ein idealer Schwebezustand zwischen Ordnung und Vielfalt der Formerfindung (Komplexität) ist in Wänden gotischer Kathedralen, wie z. B. im Seitenschiff von Notre-Dame in Chartres, verwirklicht.

Das fotografische Abbild dieser Wand übernimmt den strengen Ordnungsgedanken des gotischen Baumeisters und erhöht gleichzeitig die Komplexität um das Moment farbig einströmenden Lichtes.

Technische Daten: Blende 16; 4 Sekunden Belichtungszeit; in der letzten halben Sekunde Brennweite des Zoomobjektivs kontinuierlich von 85 mm auf 240 mm verändert. Kamera auf Stativ.

Von Glanz geblendet, sehe ich anfangs nichts als violettes Licht. Und unwiderstehliche Bewunderung überkommt mich.
Auguste Rodin

GIBT ES EIN ÄSTHETISCHES MASS?

SCHÖN IST DIE PAARUNG VON ORIGINALITÄT UND PRÄZISER BILDORDNUNG

Da das Nichtgeordnete auf jeden lebendigen Organismus unerträglich wirkt, gliedert und gestaltet das Gehirn die auf die Augennetzhaut treffenden Lichtstrahlen zu sinnvollen optischen Einheiten. Sehen stellt sich somit als bewußter Ordnungsprozeß dar.

Totaler oder teilweiser Reizentzug, in der Fachsprache als sensorische Deprivation bezeichnet, allgemein bekannt im Zusammenhang mit dem Begriff der Isolationshaft, führt schon nach Tagen zu Wahrnehmungsstörungen wie Halluzinationen und Fehlhandlungen wie Selbstverletzungen des Körpers, über lange Zeiträume hinweg zum Verfall der Persönlichkeit.

Niemand kann demnach ohne ein gewisses Maß an Reizerneuerung ein harmonisches Leben führen; Reizentzug hat auch psycho-physische Schädigungen des Organismus zur Folge.

Was für die Wirklichkeit zutrifft, ist auch für ihr Abbild gültig. Wir können somit unsere vorläufige Definition des »guten« = »schönen« Fotos erweitern und sagen:

Schön ist, was die Neugier befriedigt – und was zugleich der Ordnungsliebe unserer Sinne entgegenkommt. Es ist dies ein »Schwebezustand« von Neuheit und Originalität einerseits, Gesetzmäßigkeit und Regelhaftigkeit andererseits.

Kurt Alsleben versucht die Problematik mit einer Originalitäts-Banalitäts-Skala zu erhellen. Ein Foto, gekennzeichnet durch vollkommene Unregelmäßigkeit, ohne jeden Ordnungsgrad, würde danach auf den Betrachter unangenehm wirken; ebenso ein solches, das vollkommene Gesetzmäßigkeit aufweist, bei dem der Faktor Originalität gleich Null ist.

Paart sich dagegen überraschende Sicht mit hohem Ordnungsgrad, so ist die Wahrscheinlichkeit ästhetischen Gefallens am höchsten.

GIBT ES EIN ÄSTHETISCHES MASS?
SCHÖN IST, WAS DIE WAHRNEHMUNG FÖRDERT

Die mathematische Formel, das objektive, von biologischen Auslösemechanismen und persönlicher Bevorzugung unbeeinflußte Urteil über Kunst (und künstlerisch orientierte Fotografie) existiert nicht.

Gleichzeitig – und dies wagen wir zu behaupten mit der Einschränkung, daß wir möglicherweise irren – gibt es ein ästhetisches Maß, welches seine Begründung in den physiologischen Vorgängen im Auge findet: Schön ist, was die *Wahrnehmung* fördert.

Bilder etwa, die nach dem Goldenen Schnitt konzipiert sind, wirken ästhetisch wohlgefällig (= schön), weil sie den Gesetzlichkeiten des Sehens Rechnung tragen und damit die *Wahrnehmung* fördern.

Wie neuere Untersuchungen ergaben, müssen visuelle Zeichen (Formen, Farben), sollen sie maximal auffallen (= die Wahrnehmung optimal fördern), 37 Prozent der Gesamtmenge aller vertretenen Zeichen ausmachen. Diesen Anteil hat man sowohl für Goldhintergründe mittelalterlicher Heiligenbilder als auch für bestimmte Farbfelder abstrakter Gemälde des 20. Jahrhunderts ermittelt. Er entspricht dem Anteil der kleinen Strecke an der im Goldenen Schnitt geteilten Gesamtstrecke!

Der Goldene Schnitt beinhaltet neben dem unschätzbaren Vorteil der Meßbarkeit den großen Nachteil der Sterilität. Er sollte unter den unendlich vielen Spielarten formaler Gestaltung bleiben, was ihn auszeichnet: eine mathematisch überprüfbare Lösung, die gefällt. Eingebettet in das Wissen um die allgemeinen Gestaltungsgesetze kann er wertvolle Hilfe leisten.

Die Werke der Kunst und ihre beständige Wandlung sind begrifflich nicht völlig erfaßbar. Dies macht sie zu souveränen Größen.
Willi Baumeister

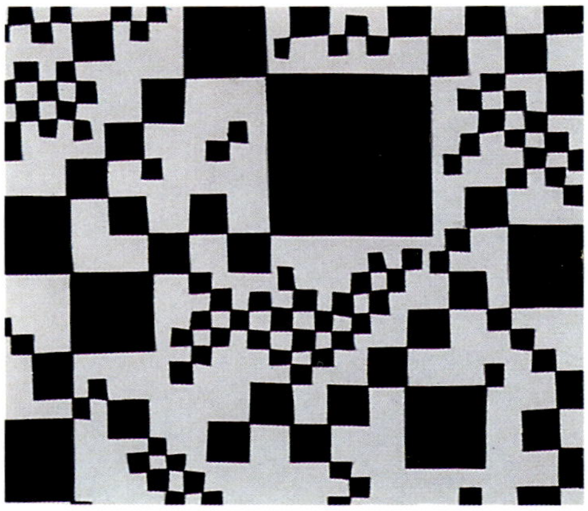

Das Schachbrettmuster ist bildnerischer Ausdruck vollkommener Gesetzmäßigkeit. Es steht auf der Skala Alslebens am äußersten Punkt »Banalität«: Jedes Quadrat hat denselben Wert. Keine Form interessiert mehr als die andere. Nirgendwo besteht die Möglichkeit, Neues zu entdecken. Die natürliche Wahrnehmung, gekennzeichnet durch schrittweises Erkunden der Wirklichkeit, wird gehemmt. Die Psyche antwortet mit Unlustreaktionen, belegt das »Bild« mit negativem Wert. Langeweile ist die natürliche Folge.

Anders beim »rhythmischen Schachbrett«: Hier bekommt das Auge Lust, spazierenzugehen, immer wieder Neues erkundend auf den waagrecht-senkrecht geordneten Wegen. Nichts wiederholt sich in seinem lebendig-rhythmischen Bildgefüge. Auch bei mehrmaliger Betrachtung bieten sich dem interessierten Auge noch nicht gesehene Formzusammenhänge. Schauen macht Spaß, weil der natürlichen Art, die Wirklichkeit wahrzunehmen, Rechnung getragen wird. Positive Wertvorstellungen bilden sich.

Anders auch in den nebenstehenden Fotos, wo auf unterschiedliche Art die extreme Ordnung »gestört« wird zugunsten der Lebendigkeit. »Störzeichen« fallen wegen ihrer Andersartigkeit auf, wecken das Interesse des Betrachters, fördern seine Wahrnehmung. Was die Wahrnehmung fördert, erscheint als wertvoll. Was wertvoll erscheint, wird als schön empfunden. Beides erzeugt in der Psyche angenehme Resonanz, ist geeignet, Lust auszulösen!

Wert hat, was zur Förderung des Lebens gereicht.
Joh. Zmauk

GESETZE DES SEHENS

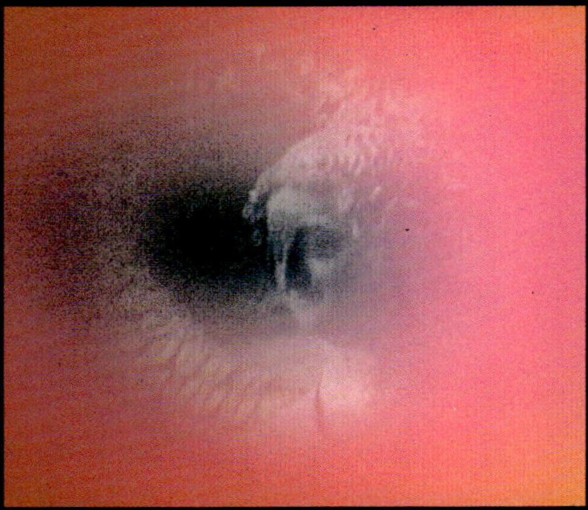

Die Welt, in der wir leben, ist unüberschaubar in ihren Erscheinungsformen. Wir können uns in ihr nur zurechtfinden, indem unsere Sinnesorgane die Vielfalt der Dinge, Farben, Bewegungen, Geräusche und Gerüche gliedern, strukturieren und sinnvolle Gestalten herauslösen, kurz: ordnen. Diese Gliederung des Wahrnehmungsfeldes vollzieht sich nach ganz bestimmten Gesetzmäßigkeiten, die man als Gestaltgesetze formulieren kann. Aus ihrer Kenntnis ergeben sich wertvolle Hinweise für die Bildgestaltung beim Fotografieren.

DAS GANZFELD
VORAUSSETZUNG EINES SEHERLEBNISSES IST DER REIZUNTERSCHIED

Die einfachste optische Reizsituation erleben wir bei dichtem Nebel. Sie kann im Versuch nachgespielt werden, indem man in das Innere einer homogen grau gestrichenen, gleichmäßig beleuchteten Halbkugel – ein sogenanntes Ganzfeld – blickt: Die Wandfläche wird nicht gesehen. Die Versuchsperson hat vielmehr das Empfinden, in eine Nebelwand zu schauen, welche sich zur Ferne hin verdichtet. Bringt man in das Ganzfeld einen optischen Reiz (Gegenstand) oder strukturiert die Kugelwand, wird Raum wahrgenommen, und die Entfernung der gekrümmten Fläche kann angegeben werden. Der Reizunterschied erst ermöglicht ein Seherlebnis. Das Experiment verdeutlicht, daß man ein Objekt nur dann wahrnimmt (sieht), wenn es sich durch Kontrast von seinem Umfeld abhebt.

GESETZE DES SEHENS I: EINFACHHEIT

DAS AUGE GLIEDERT IN FIGUR UND GRUND

Die Natur tut nichts vergeblich. Der Fotograf eifre ihr in dieser Beziehung nach: »...ein Mehr ist vergeblich, wenn weniger genügt, denn die Natur schätzt die Einfachheit und findet keinen Gefallen am Pomp überflüssiger Ursachen« (Isaac Newton).

Die Frage: *Wie fotografiere ich was gut?* ist die Frage nach dem Zustandekommen der Schönheitsempfindung. *Einfachheit* spielt dabei eine entscheidende Rolle.

Ein Objekt auf dem Ganzfeld wird als Figur wahrgenommen, die verbleibende Umgebung als Grund. Je prägnanter sich die Figur vom neutralen und passiven Hintergrund abhebt, um so sicherer erfolgt die Wahrnehmung. Dieser Vorgang ist erbmäßig bedingt. Er vollzieht sich unabhängig von Willen, Wissen und sozialen Einflüssen nach dem Grundgesetz der visuellen Wahrnehmung. Es besagt: Das Auge strebt danach, jedes Reizmuster (Fotografen sagen: jedes Motiv) so zu gliedern, daß die einfachste Struktur (Gefüge) entsteht, welche unter den gegebenen Umständen (s. S. 46) möglich ist.

Ein Beispiel soll die zunächst etwas theoretisch wirkende Feststellung veranschaulichen. Das wenig differenzierte Reizmuster (Motiv) wie etwa eine Wiese wird vom Auge – genauer: von Auge und Gehirn – nach der einfachsten Struktur, die unter den zur Zeit der Aufnahme gegebenen Umständen möglich ist, in einen prägnant wirkenden Vordergrund mit

»Birke und Kind« (= Figur) und in ein unscharf wahrgenommenes Umfeld »Wiese« (= Grund) untergliedert. Da der Vorgang, wie gesagt, erbmäßig bedingt ist, reagiert jedes Auge so und nicht anders. Das Beispiel verdeutlicht exemplarisch, wie in begrenztem Rahmen sehr wohl objektiv ästhetische Urteile gefällt werden können. Ein Motiv wie das vorliegende kann man eben gut oder schlecht, »schön« oder ästhetisch weniger gefällig fotografieren. Gut (= schön) ist es dann fotografiert, wenn die Wirklichkeit (das Motiv) so ins Bild umgesetzt wird, daß es dem natürlichen Sehvorgang entspricht, mit unseren früheren Worten: die Wahrnehmung fördert.

Zur Fototechnik: Teleobjektive haben konstruktionsbedingt eine geringe Schärfentiefe. Bei offener Blende sind sie das ideale Gerät, um Figur und Grund durch Schärfe und Unschärfe prägnant voneinander zu trennen. Fotografiert wurde mit 400 mm Brennweite bei Blende 5,6 und 1/250 s auf Agfa CT 18.

Der Rubin'sche Becher ist ein Lehrbeispiel für das Gestaltgesetz von Figur und Grund. Man nimmt entweder einen Becher oder zwei Gesichter wahr. Beides gleichzeitig zu sehen, gelingt nur mit äußerster Anstrengung. An der mehrdeutigen Figur-Grund-Beziehung des Kippbildes läßt sich ebenso beispielhaft aufzeigen, wie man nicht fotografieren sollte: unklar und ohne Prägnanz, dem natürlichen Wahrnehmungsvorgang entgegengesetzt.

Ich stehe am Fenster und sehe ein Haus, Bäume, den Himmel. Rein theoretisch könnte ich das alles zahlenmäßig erfassen: Es sind ...327 Farbtöne und Helligkeitsstufen vorhanden. Sehe ich tatsächlich 327 Unterschiedsstufen? Nein: Himmel, Haus, Bäume – die Gegebenheit der 327 Abstufungen kann kein Mensch realisieren.
Max Wertheimer

Minderwertige Malerei entsteht durch den Anspruch, alles wiedergeben zu wollen, das Ganze versinkt in den Details, die Langeweile ist die Folge davon. Der Eindruck aber, der aus der einfachen Verteilung von Farben, Lichtern und Schatten hervorgeht, das ist die Musik des Bildes.
Paul Gauguin

GESETZE DES SEHENS I: EINFACHHEIT
DER FOTOGRAF SUCHT EINEN RUHIGEN GRUND

Nach dem Grundgesetz der visuellen Wahrnehmung ist das Auge bestrebt, jedes Reizmuster (= fotografisches Motiv) so zu gliedern, daß die einfachstmögliche Struktur entsteht. Wenn das Auge unter dem Zwang steht, so und nicht anders zu sehen, bereiten nur solche Fotos Freude, die nicht gegen dieses Gesetz verstoßen.
Die Wirklichkeit weist in den seltensten Fällen eine natürliche Gliederung in Figur und Grund auf. Sie besteht eher aus einer undifferenzierten Vielzahl gleichwertiger Angebote, aus denen der Fotograf aktiv auswählen muß.

Welche Möglichkeiten hat er, das Problem mit Hilfe einer Kamera zu lösen?

- Er fotografiert die gegliederten Figur(en) auf ruhigem Grund, wie z. B. ein dunkles Boot auf heller See.
- Er sucht einen wenig differenzierten Grund und läßt die Figur(en) davor agieren.
- Er wartet vor einem neutralen Grund auf die sich bewegende(n) Figur(en), wie beispielsweise auf spielende Kinder am Sandstrand.

GESETZE DES SEHENS I: EINFACHHEIT

DER FOTOGRAF SPIELT MIT DER SCHÄRFENTIEFE

Die Leistungsfähigkeit des menschlichen Auges ist geringer, als normalerweise angenommen wird. Ebenso wenig, wie es Figur und Grund eines Bildes (s. Rubin'scher Becher, S. 53) gleichzeitig deutlich wahrnehmen kann, ist es in der Lage, nahegelegene und ferne Gegenstände im gleichen Moment zu erfassen. Betrachte ich z. B. durch meinen in 70 cm Entfernung gespannten Storevorhang die Straße, so sehe ich entweder die Maschen des Vorhangs oder aber die Menschen auf der Straße deutlich, nicht beides gleichzeitig. Diese Schwäche wird jedoch bei der normalen Orientierung dadurch ausgeglichen, daß die Augenlinse sich in Sekundenschnelle automatisch jeder Entfernung anpassen kann.

Auch das Kameraobjektiv kann wegen optischer Gesetzmäßigkeiten nur eine Ebene bzw. eine gewisse Raumtiefe scharf abbilden. Alles, was hinter und vor der als Schärfentiefe bezeichneten Zone liegt, wird mehr oder weniger unscharf wiedergegeben.

Dieser (scheinbare) optische Nachteil zeigt sich – bildnerisch betrachtet – als unschätzbarer Vorteil: Die Schärfentiefe ist eines der wichtigsten Gestaltungsmittel der künstlerisch orientierten Fotografie überhaupt. Vor allem mit ihrer Hilfe können Fotos so gestaltet werden, daß ihr Aufbau dem Grundgesetz der visuellen Wahrnehmung entspricht. Sie stellt das ideale Mittel dar, um im fotografischen Bild Figur und Grund zu trennen – selbst dort, wo das Motiv aus einer Fülle sich überschneidender, teilweise einander verdeckender Gegenstände unterschiedlichster Form- und Farbausprägung besteht.

Gezielte Schärfe und dosierte Unschärfe, auch als selektive Schärfe bezeichnet, ermöglichen es, Wichtiges hervorzuheben, überflüssige Details zu unterdrücken, Wesentliches sichtbar zu machen. Schärfe wirkt innerhalb des Bildgefüges wahrnehmungsauslösend. Sie wird zuerst gesehen und besitzt den größten Aufmerksamkeitswert. Es ist daher evident, daß man sie so einsetzen sollte, wie es die Bildaussage erfordert. Ein Beispiel mag dies verdeutlichen: Ein Kind spielt mit höchster Konzentration und ungeteiltem Interesse. Interesse: Das ist »Dazwischensein« in einer allseits abgeschirmten Zone, seiner Spielwelt – zwischen den Dingen. Das ist die geistige Aussage, der Gehalt des Fotos. Ihm entspricht die formale Gestaltung: scharf gezeichnete Figur, eingebettet in unscharfes Umfeld.

Die prägnanteste (das ist wahrnehmungspsychologisch gesehen die beste) Lösung wird erreicht, wenn die Schärfe-Unschärfe-Beziehung möglichst eindeutig ist. Dazu muß die Blende des Objektivs meistens voll geöffnet sein.

Jedes überflüssige Wort wirkt seinem Zweck gerade entgegen.
Arthur Schopenhauer

GESETZE DES SEHENS I: EINFACHHEIT

DER FOTOGRAF BEWEGT DIE KAMERA

Eine weitere Möglichkeit, Figur und Grund durch selektive Schärfe zu trennen, bietet sich in der »Verwischungstechnik« (S. 186). Bei der Verwischungstechnik schwenkt der Fotograf die Kamera in die Richtung des sich bewegenden Objekts und entsprechend dessen Geschwindigkeit mit und löst während des Schwenks aus. Dadurch »verwischt« der Grund; genauer ausgedrückt: das Umfeld wird zur homogenen, wenig strukturierten, »bewegungsunscharf« gezeichneten Fläche. Die Figur aber erscheint klar und prägnant: Idealfall natürlicher Sehweise; wahrnehmungsfördernd = wertvoll = schön, weil – wie psychologische Untersuchungen belegen – das Schöne und das Wertvolle in dieser Beziehung gleichzusetzen sind.

Beim »Zoomeffekt« (S. 189) entsteht die Bewegungsunschärfe durch kontinuierliche Veränderung der Brennweite während des Auslösens. Die unscharf verwischten Linien und Flächen des Umfelds sind deshalb nicht horizontal oder vertikal verwischt, sondern scheinen sich in Richtung auf den Betrachter zu bewegen.

Erinnern wir noch einmal an die Grundsituation der Wahrnehmung und das daraus abgeleitete Gesetz:

● Die Situation

Ein Objekt kann nur wahrgenommen werden, wenn es sich als Gestalt von seiner Umgebung unterscheidet. Wahrnehmung erfolgt im Dienst der Lebensbewältigung. So ist es für das Chamäleon lebensentscheidend, sich durch ständige Verwandlung der Umwelt angleichen zu können, für den Menschen dagegen, blitzschnell eine Schlange oder ein fahrendes Auto isoliert vom jeweiligen Umfeld zu erfassen.

● Das Gesetz

Aufgrund dieser biologischen Notwendigkeit wird das jeweilige Sehfeld vom Auge zwangsläufig in Figur und Grund gegliedert – und zwar nach der einfachsten Struktur, die unter den gegebenen Umständen möglich ist. Denn: Je prägnanter sich z. B. das Auto (=die Figur) vom Straßengewühl (= Grund) abhebt, um so sicherer ist die Reaktion des Menschen.

● Die Folgerung

Für den Fotografen ist es zwar nicht existenzgefährdend, wenn er sich die Wahrnehmungsgesetze nicht zunutze macht, jedoch entscheidet Beachtung oder Nichtbeachtung darüber, ob seine Fotos »ankommen«: im Freundeskreis, bei Wettbewerben, in Redaktionszimmern. Keine Chancen haben dort Bilder, wenn sie grob gegen die natürliche Art der Sehvorgänge verstoßen – und seien sie inhaltlich noch so interessant.

GESETZE DES SEHENS I: EINFACHHEIT

DER FOTOGRAF NÜTZT DIE FARBKONTRASTE

Ein Objekt kann, wie das Ganzfeldexperiment zeigt, nur wahrgenommen werden, wenn es sich durch Kontrast von seinem Umfeld abhebt. Sämtliche bisher dargestellten Beispiele belegen das Experiment. Sie weisen entweder das Kontrastpaar ruhig – unruhig (homogen – strukturiert) oder scharf – unscharf auf. Farbe ist eine weitere Dimension zur deutlichen Wahrnehmung. Sie erleichtert durch ihre Kontrastwirkung auf wirkungsvolle Weise, Figur und Grund zu unterscheiden.

Die Fotos zeigen typische Figur-Grund-Beziehungen mittels Farbe-an-sich-Kontrast (Boot), Qualitätskontrast (Dame), Komplementärkontrast (Karussell) und Hell-Dunkel-Kontrast (Lampionfest).

Jeder Farbeindruck wird vom Bewußtsein nach drei Merkmalen beurteilt:

- nach dem Farbton (rot oder blau)
- nach der Farbhelligkeit (hellrot oder dunkelblau)
- nach der Farbsättigung, auch Leuchtkraft oder Intensität (gesättigt-ungesättigt) genannt

- Farbe-an-sich-Kontrast

Farbe fällt primär durch ihren Buntcharakter, den Farbton, auf: Rot, Gelb, Blau. Rein und hochgesättigt bilden diese drei Farben erster Ordnung den elementaren Farbklang des Farbe-an-sich-Kontrasts (auch als Buntkontrast oder Farbtonkontrast bezeichnet). Er wirkt laut, kräftig und unkompliziert. In Verbindung mit Weiß erzeugt er ausgesprochen heitere Anmutungen. Südländische Bootshäfen, mitteldeutsche Fachwerkstädte und folkloristische Veranstaltungen bieten eine wahre Fundgrube an fotografischen Motiven. Die lebendigsten und spannungsreichsten Bildlösungen entstehen, wenn eine Farbe dominiert und die anderen in geringeren Mengenanteilen als Begleittöne in Erscheinung treten. Bei Verwendung von getrübten Farben verliert der Buntkontrast etwas von seiner spezifischen Aussagekraft.

● Qualitätskontrast und Hell-Dunkel-Kontrast
Neben der Art des Farbreizes (Farbton) ist seine Stärke (Sättigung) für die Eindeutigkeit der Wahrnehmung und die Aussagekraft des Fotos von ausschlaggebender Bedeutung. Werden gesättigte leuchtende Farben gegen getrübte gesetzt, so fördert dies die Wahrnehmung. Da wahrnehmungsfördernd und wertvoll identisch sind, empfindet man solche kontrastierenden Farbklänge als angenehm (= »schön«). Die Unterscheidung in Figur und Grund wird im Bild mit der rotgekleideten Dame noch zusätzlich durch ausgeprägte Helligkeitsstufen (Hell-Dunkel-Kontrast) erleichtert.

● Komplementärkontrast
Im zwölfteiligen Farbkreis (S. 184) erreichen die Farben ihre größte Verschiedenheit, wenn sie einander genau gegenüberstehen. Man nennt sie Gegen- oder Komplementärfarben und den entstehenden Kontrast Komplementärkontrast (s. S. 185): Orange-Blau im Foto »Karussell«, Rot-Grün und Gelb-Violett beim »Lampionfest«.

GESETZE DES SEHENS I: EINFACHHEIT
DAS AUGE SIEHT STETS DIE EINFACHSTE FIGUR

Kritzeleien sind bildnerischer Ausdruck unbeeinflußter Wahrnehmung, mit deren Hilfe sich das Kind Klarheit schafft über seine Welt. So taucht folgerichtig aus dem Wirrwarr der Linien als erste gestaltete Form der Kreis auf, denn er ist das einfachste Sehmuster unter allen möglichen. Mensch und Tier werden nicht deshalb als »Kopffüßler« dargestellt, weil es das Kind nicht besser kann, sondern weil diese Art der Darstellung die prägnanteste Aussage über das Wesen der Dinge ermöglicht.

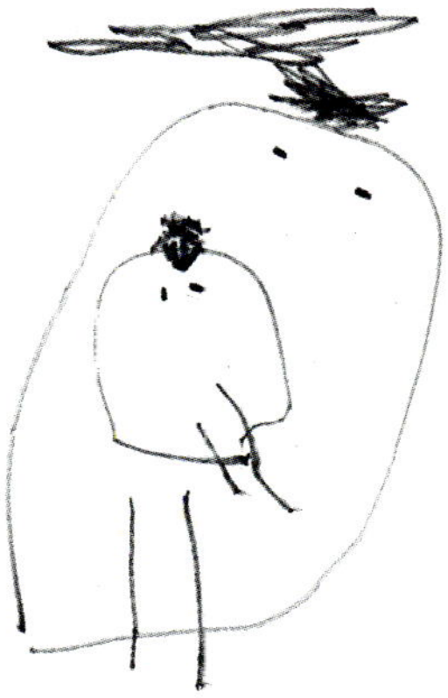

Mama, Papa
gezeichnet und benannt von Marcus …
(4 Jahre)

An der Gestalt des kindlichen »Kopffüßlers« können weitere Phänomene der Wahrnehmungstendenz zur Einfachheit beobachtet werden:

- Einfachstes Bildzeichen für jegliches Ding ist der Kreis bzw. die kreisähnliche Form.
- Einfachste Bildaussage über die Elternbeziehung als einer im kindlichen Bewußtsein ungetrennten Ganzheit ist der Kreis im Kreis.
- Einfachster bildnerischer Ausdruck für längliche Formen ist die gerade Linie. Das Kind verwendet sie zur Darstellung von Armen, Beinen, Mund und Nase – obwohl eine »gerade« Linie zu ziehen der ungeübten Hand wesentlich schwerer fällt als eine gebogene.

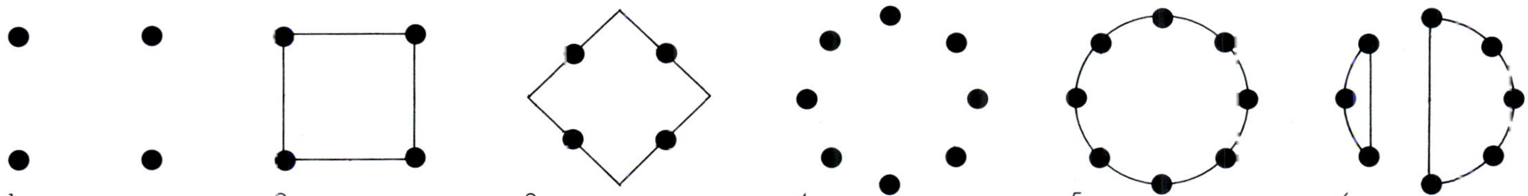

1 2 3 4 5 6

Es gibt nämlich Uranfänge von Kunst, wie man sie eher in ethnographischen Sammlungen findet oder daheim in der Kinderstube. Lache nicht, Leser! Kinder können es auch, und es steckt Weisheit darin, daß sie es können!
Paul Klee

Das Kind empfindet ganz natürlich, daß der hingekritzelte Kreis das beste Mittel ist, ... ein Ganzes auszudrücken und zu umgreifen. Und so zögert es nicht, ihn in gleicher Weise für die menschliche Figur wie für ein Haus zu verwenden.
J. J. de Lucio-Meyer

Zwischen der Wahrnehmung des Kindes und der des Erwachsenen bestehen biologisch gesehen keine Unterschiede. Auch der durch langjährige Erfahrung geprägte Mensch unterliegt der gesetzmäßigen Funktion seiner Sinne.

Prüfen Sie sich selbst: Projizieren Sie in die Figur 1 ein Quadrat, dessen Eckpunkte mit den vier roten Punkten identisch sind (2)? Oder nehmen Sie ein fantasiereicheres Gebilde wahr (3)?

Wir sehen übereinstimmend ein Viereck; nicht jedoch, weil wir über keine Fantasie verfügten, sondern weil unser Augensinn es so will. Weil – nach dem Grundgesetz der visuellen Wahrnehmung – jedes Sehmuster danach strebt, so gesehen zu werden, daß sich die einfachste Struktur ergibt, die unter den gegebenen Umständen möglich ist. Und das ist unter diesen Umständen das Quadrat. Mit welchem Bildmuster auch immer experimentiert wird (z.B. Figur 4) – das Auge sieht stets die einfachste Gestalt (5). Differenziertere Formen wie z.B. Figur 6 werden nicht wahrgenommen.

Dem Kreis gibt es den absoluten Vorrang unter allen anderen Gestalten: Er ist das einfachste Sehmuster überhaupt.

GESETZE DES SEHENS I:
EINFACHHEIT

DER KREIS IST DAS VOLLKOMMEN EINFACHE

Wer den Versuch macht, das Foto dieser Doppelseite nach kurzer Betrachtung zu skizzieren, wird feststellen, daß er die Sonne exakt kreisförmig und die Umrisse des Berges symmetrisch zu einer gedachten, senkrechten Mittelachse zeichnet. Er tut es nicht, weil er etwa über eine besonders schlechte Beobachtungsgabe verfügt, sondern weil sein Wahrnehmungsapparat nach ganz bestimmten Gesetzlichkeiten reagiert, denen er sich willentlich nicht entziehen kann.

In der Umgangssprache ausgedrückt: Er vereinfacht jede Form. In der Sprache der Gestaltpsychologie: Er macht sie prägnanter (= eindrucksvoller, im Ausdruck gedrängter). Er macht sie »eindrucksvoller« nach dem Prägnanzgesetz oder dem Gesetz der »guten Gestalt«. »Die psychologische Organisation wird immer so gut sein, wie es die herrschenden Bedingungen erlauben« (K. Koffka; s. auch S. 52 u. 57). Unter »gut« versteht man in diesem Zusammenhang Eigenschaften wie Symmetrie, Regelmäßigkeit, Geschlossenheit, Vollständigkeit, maximale Einfachheit.

Einfachheit bedeutet jedoch nicht, daß nur das Lichtbild mit einfachsten Figuren ästhetisch befriedigt, sondern generell – nach Rudolf Arnheim – »... eine Struktur, in der sich der größtmögliche Reichtum an Formerfindung mit der größtmöglichen Einfachheit der kompositionellen Organisation verbindet« (s. S. 32/33).

Ein Gestaltgefüge wird um so eher wahrgenommen, je einfacher es sich darbietet. Der Kreis erscheint als Extrem der Gestaltinnigkeit, ebenso die gerade Linie. Aus der innigen Verbindung beider entstehen besonders prägnante Fotos.

GESETZE DES SEHENS I: EINFACHHEIT
DAS AUGE GLIEDERT IN GRUPPEN

Die Reizsituationen (= die fotografischen Motive) sind in der Regel vielschichtiger, als wir sie bisher auffaßten: Sie bestehen aus einer verwirrenden Fülle sich überschneidender Gegenstände oder aber sich bewegender Lebewesen, aus der der Fotograf oft in Sekundenschnelle sein Bild »schießen« muß.

Nach unserer bisherigen Übereinkunft bedeutet »gut schießen« so viel wie Trennung des Wesentlichen vom Unwesentlichen in Figur und Grund. Als bildnerische Mittel beschrieben wir den Schärfe-Unschärfe-Kontrast und die Farbkontraste.

Je komplexer (das heißt in diesem Zusammenhang: je vielfältiger an Formen, Farben, Bewegungen) eine Situation ist, desto dringlicher muß sie in Teilkomplexe gegliedert, in Gruppen zusammengefaßt werden.

Diese Gruppenbildung vollzieht sich in der Wahrnehmung nach dem Prinzip der Gleichheit oder Ähnlichkeit.

Die Vorliebe des Menschen, Dinge in prägnanten Gruppen zusammenzufassen, führte schon in babylonischer Zeit zu den Sternbildern. Sie sind – wie das Foto »Schafe« – ein Beispiel für Gruppenbildung nach Helligkeitsunterschieden (= ähnlich in der Helligkeit) und Nähe.

Jede Wahrnehmungsgattung – wie etwa Helligkeit, Form und Farbe – kann eine Gruppenbildung bewirken. Einige davon haben in der Fotografie besondere Bedeutung. Sie sollen nachfolgend aufgezeigt werden:

Ein Sehmuster, wie z. B. eine ornamental gegliederte Hausfassade, wirkt um so geschlossener, je ähnlicher sich ihre Schmuckelemente in Form, Farbe, Helligkeit, Abstand und Ortslage sind. Das Auge sieht zunächst die Gesamtgruppe der Fenster wegen der Ähnlichkeit ihrer Form (und Helligkeit). Danach faßt es je zwei Fenster zu drei senkrechten Gruppen zusammen. Nähe dominiert dabei über Ortslage unten und oben, Mittellage zusammen mit Formenreichtum über weniger differenzierte Formelemente der Außenlage.

Wie unser erstes Beispiel zeigt, sind bei der Gruppenbildung meistens mehrere Sehgesetze gleichzeitig wirksam. Besonders gefördert wird die Wahrnehmung (= besonders »schön« ist das Foto), wenn die einzelnen

Reize unterschiedlich stark, hierarchisch (s. S. 74), in Erscheinung treten. Auslösendes Merkmal hier: Ähnlichkeit der Farbe Violett (in Verbindung mit Schärfe, Nähe, Form, Richtung). Untergeordnet: Ähnlichkeit der Gelbgruppe (plus Unschärfe und Transparenz). Doppelt untergeordnet: die Gruppe der Gräser.

Im dritten Foto läßt sich deutlich erkennen, wie das Auge sich sofort mit der Forderung, zu ordnen und zusammenzufassen, einschaltet: Es sieht drei Gruppen, die sich nach dem Gesetz der Nähe bilden. Wahrnehmungsauslösend – weil durch Farbe, Größe und Differenzierung in der Hierarchie am höchsten stehend – wirkt die linke Gruppe. Von ihr aus erwandert der Blick die übrigen Bildinhalte, wobei es wegen der Ähnlichkeit der Farbe bevorzugt zur Zweiergruppe am rechten Bildrand und zurück springt.

Auch im letzten Beispiel wird sichtbar, daß nach dem Gesetz der Gruppierung diejenigen Bildinhalte vom Auge am ehesten miteinander verknüpft werden, die sich in der Helligkeit, der Form, der Größe und dem Abstand am ähnlichsten sind. Viele unmittelbar benachbarte Bildzeichen neigen dazu, sich zu Mustern und Strukturen zusammenzuschließen; wenige, deutlich voneinander getrennte, wirken – wie hier die Bäume – als wahrnehmungsauslösende Akzente. Sie verleihen dem Foto bildnerische Spannung.

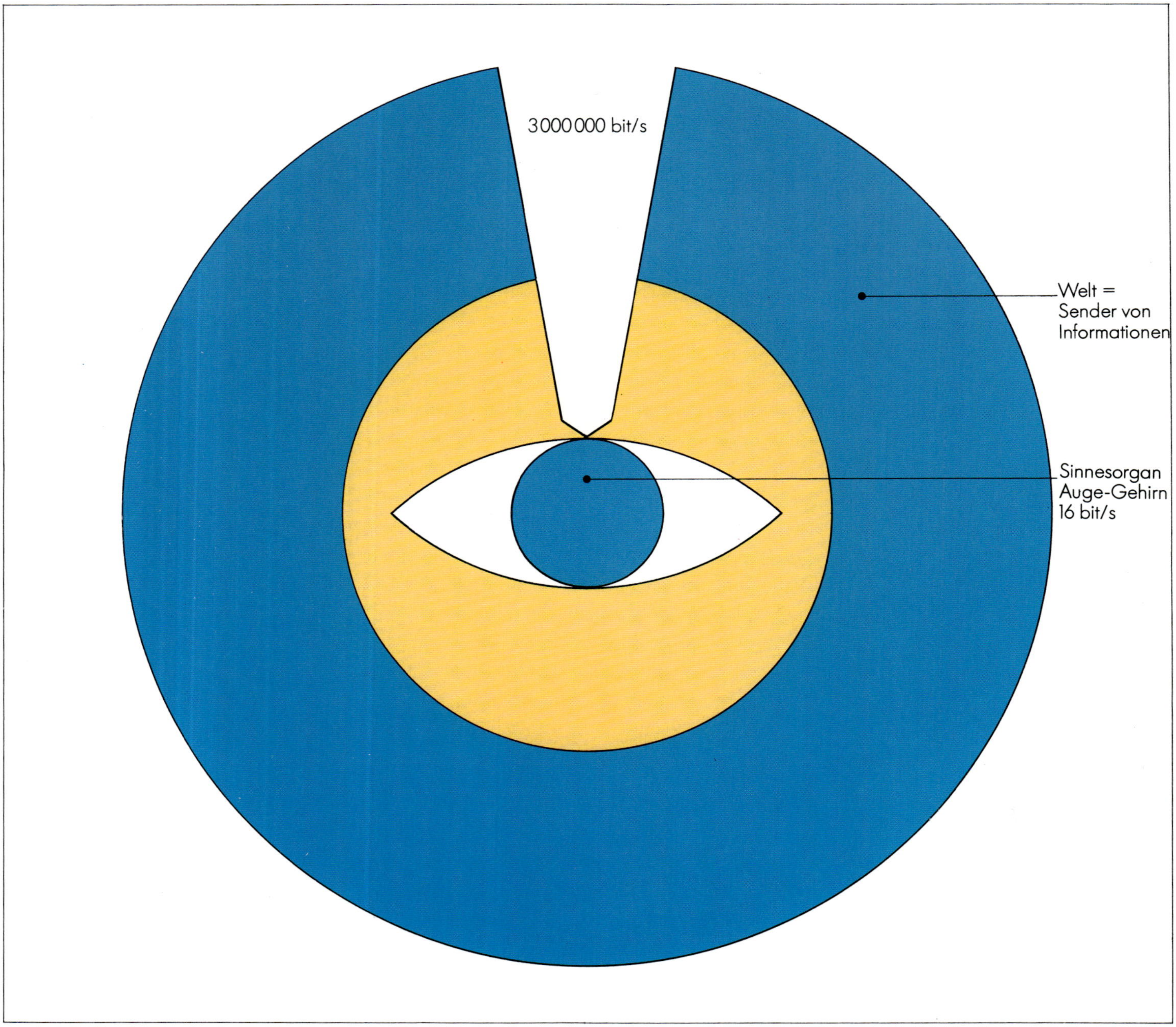

GESETZE DES SEHENS I: EINFACHHEIT
WARUM UNSERE SINNE ORDNUNG LIEBEN

Wer fotografiert, möchte mit seinen Fotos etwas bewirken. Er will erfreuen, unterhalten, berichten, aufrütteln, kurz: informieren.

Fotos können somit als Übermittler visueller Nachrichten, als Informationsträger aufgefaßt werden. Da Informationen meßbar sind, hoffte man, hier einen neuen Ansatzpunkt auf der Suche nach dem ästhetischen Maß entdeckt zu haben.

Die Maßeinheit der Information ist das bit (Abkürzung von binary digit = »Zweierzahl«; in der englischen Sprache auch »Häppchen«). Ein Häppchen (bit) besteht jeweils aus einer Zweierentscheidung vom Typus Ja-Nein: laut-leise, links-rechts, groß-klein, hell-dunkel, rot-grün. Schätzungen über die Informationskapazität der einzelnen Sinnesorgane führten – nach Steinbuch – zu folgenden Ergebnissen:

Sinnesorgan	Anzahl der Nervenfasern	Informationskapazität (bit/s)
Auge	1 Mill.–2 Mill.	3 Mill.
Ohr	10 000–20 000	20 000–50 000
Nase	2 000	10– 100
Zunge	2 000	10

Die Tabelle läßt deutlich erkennen, wie der Gesichtssinn mit mehr als 90 % weitaus die meisten Informationen pro Sekunde liefert. Seine Leistungsfähigkeit allein interessiert in unserem Zusammenhang.

3 Millionen bit/s bezeichnet das Speicherungsvermögen der Augennetzhaut. Niemand ist imstande, alle Möglichkeiten, die sie mit ihren 130 Millionen lichtempfindlichen Zellen theoretisch bietet, gleichzeitig auszuschöpfen.

Welchen Anteil nehmen wir bewußt wahr? Wieviel können wir nutzen?

Das momentane Gesamtangebot an optischen Informationen etwa in einer Großstadt ist so komplex, daß man Monate benötigen würde, um alle Einzelheiten der Menschen und Gegenstände – wie Bewegung, Anzahl, Größe, Helligkeit und Farbe – in Worten zu beschreiben. Unser visueller Wahrnehmungsapparat, zusammengesetzt aus dem Auge und einem Teil der Großhirnrinde (wo das eigentliche Sehen erfolgt), dagegen ist in der Lage, die Situation in Bruchteilen von Sekunden zu erfassen, indem er aus der Fülle der Informationen das jeweils zur Orientierung notwendige Maß herausfiltert. Er reduziert die unüberschaubare Informationsmenge von 3 000 000 bit/s auf die der Wahrnehmung angemessene Zahl von 16 bit/s. In Worten der Umgangssprache ausgedrückt: Das Auge ordnet die Sinneseindrücke, trennt das Wesentliche vom Unwesentlichen. Dabei bevorzugt es – wie schon des öfteren dargestellt – immer das einfachste Sehmuster, das unter den gegebenen Umständen möglich ist.

Und worin besteht nun die Nutzanwendung für die Fotografie?

Fotos, die beim Betrachter angenehme Gefühlszustände auslösen sollen, müssen der Informationskapazität des Augensinns angepaßt sein. Das heißt, sie werden dann als schön empfunden, wenn sie sich dem Betrachter bei einem Informationszufluß von 16 bit/s erschließen. Bei diesem Maß wird die Wahrnehmung optimal gefördert.

Nach den Erkenntnissen der Informationsästhetik ist der menschliche Wahrnehmungsapparat so programmiert, daß die Informationsmenge ausgeschöpft werden will. Fotos, die das Maß von 16 bit/s wesentlich über- oder unterschreiten, empfindet man als chaotisch bzw. langweilig. Beides erzeugt Unlust.

Die Informationskapazität geometrischer Muster ist mathematisch relativ leicht zu bestimmen. Komplexe Muster wie Fotos dagegen lassen sich nur mit außergewöhnlich hohem Zeit- und Apparateaufwand errechnen. Eine Formel zur Bestimmung von fotografisch »schön« oder »nicht schön« kann auch von dieser Seite nicht erwartet werden.

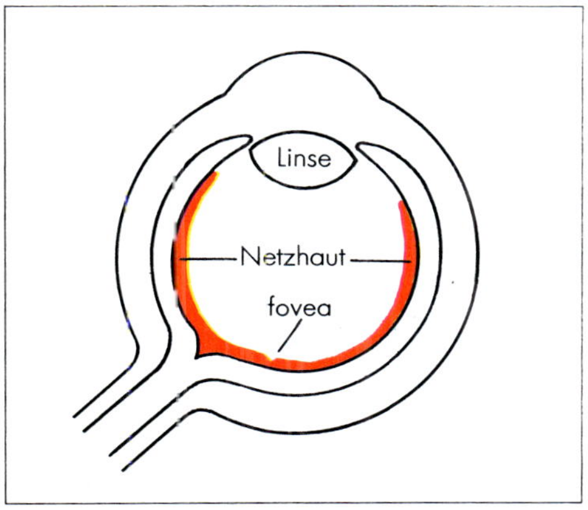

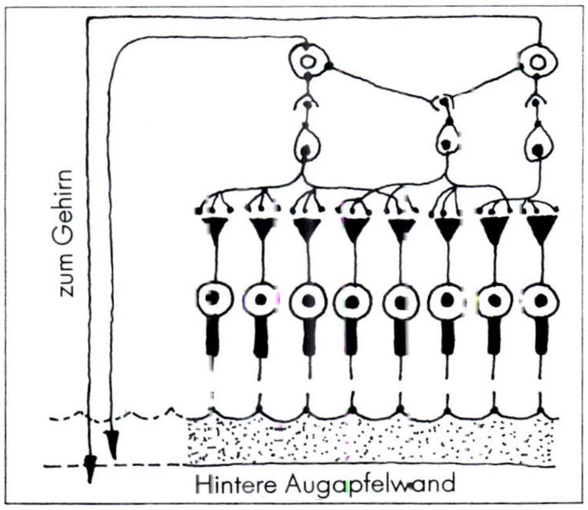

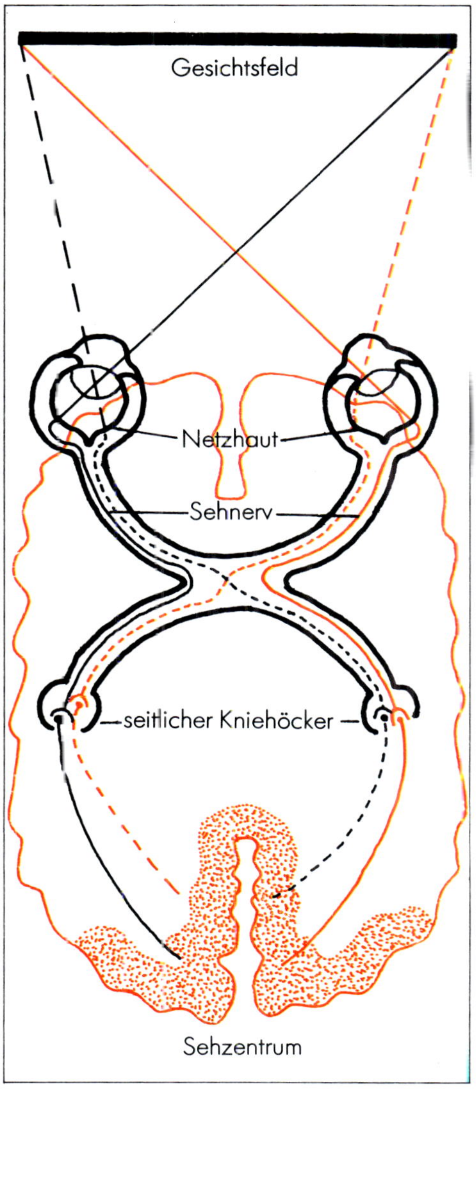

- 130 Millionen Sehzellen der Retina (Augennetzhaut) wandeln das Licht in elektrische Impulse um.
- 1 Million Nervenfasern des Sehnervs leiten als »Sparschaltung« die gesammelten und sortierten Informationen ans Gehirn weiter.
- Im Sehzentrum der Großhirnrinde werden die Nervenimpulse zu visuellen Sinneseindrücken (Bildern) verarbeitet.

GESETZE DES SEHENS I: EINFACHHEIT

WAS KÜNSTLER DAZU SAGEN

Das Einfache ist schwer zu machen.
Bertolt Brecht

Vollkommenheit entsteht offensichtlich nicht dann, wenn man nichts mehr hinzuzufügen hat, sondern, wenn man nichts mehr wegnehmen kann.
Antoine de Saint-Exupéry

Man kann arm sein mit tausend und abertausend Nuancen und einer bewundernswerten Klaviatur, und reich sein mit nur wenigen, wenn man zu singen weiß.
Georges Rouault

Wenn bei meinen Sachen manchmal ein primitiver Eindruck entsteht, so erklärt sich diese Primitivität aus meiner Disziplin, auf wenige Stufen zu reduzieren. Sie ist nur Sparsamkeit, also letzte professionelle Erkenntnis, also das Gegenteil von wirklicher Primitivität.
Paul Klee

Wat jestrichen is, kann nich durchfalln.
Otto Brahms

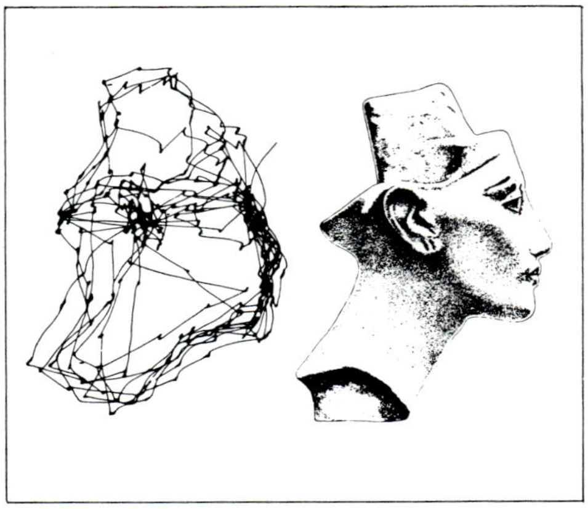

GESETZE DES SEHENS II: HIERARCHIE
WIE DAS AUGE BILDER ERWANDERT

Das Auge kann, wie bereits angesprochen, innerhalb der gesamten Raumtiefe nur in *einer* Ebene scharf sehen: Entweder kann es die Schreibtischlampe oder das Geschehen auf der Straße erfassen. Beides gleichzeitig geht nicht.

In dieser Ebene wiederum ist seine Wahrnehmungsfähigkeit auf einen kleinen Ausschnitt begrenzt, der die Größe eines Daumennagels der ausgestreckten Hand umfaßt (was bei einer Entfernung von 22,5 cm ungefähr einer Fläche von 25 mm^2 entspricht). Das hat seine Ursache im Bau der Augennetzhaut. Sie besitzt nur an einer Stelle, der *fovea centralis,* genügend viele Sehzellen, die ein scharfes Sehen zulassen. Alles, was darum herum an der Peripherie aufgezeichnet wird, erscheint unscharf.

Die Randzone dient als Warnfeld. Tauchen hier optische Signale auf, die aus Gründen der Orientierung oder Existenzbewältigung entschlüsselt werden müssen, drehen wir den Augapfel, bis das Abbild des erregenden Signals auf die *fovea* fällt.

Das eng begrenzte Scharfsichtzentrum hat zur Folge, daß Bilder mit blitzschnell wechselnden Bewegungen des Augapfels auf ihre Bedeutung hin abgetastet werden.

Welche Sehwege das Auge im einzelnen ausführt, zeigt die Abbildung von Nofretetes Kopf (Aus: »Eye Movements and Visual Perception«, Scientific American [6/1971]). Die Augenbewegungen wurden mit einem Spezialgerät aufgezeichnet.

Aus der Grafik können zwei Tendenzen unserer Wahrnehmung, zwei Sehgesetzlichkeiten, direkt abgelesen werden:

- Wahrnehmungen sind ganzheitlich: Das Motiv wird rasch und flüchtig umrissen und im Gehirn auf seine Bedeutung befragt und entschlüsselt. Wir nehmen zunächst die geschlossene Figur »Kopf« als Ganzheit wahr, nicht die Summe der Einzelglieder, wie Auge, Mund und Ohr.
- Wahrnehmungen sind hierarchisch: Das Motiv wird systematisch Punkt für Punkt abgetastet. Dabei werden verschiedene Punkte ganz eindeutig bevorzugt: die Sinneszonen Auge, Mund und Nase. Sie stehen in der Rangordnung (der Hierarchie) am höchsten. Dann folgen Ohr und – mit deutlichem Abstand – einige Umrißbereiche.

Was bedeutet dies für das Fotografieren?

- Fotos sollten nur so viel Informationen beinhalten, daß eine ganzheitliche Erfassung möglich ist.
- Fotos sollten hierarchisch gesetzte Wahrnehmungszentren (Anrufungspunkte) besitzen, damit das Auge Lust hat, auf den dazwischenliegenden »Sehwegen« spazierenzugehen.

GESETZE DES SEHENS II: HIERARCHIE

ENTSCHEIDEND IST DIE ANORDNUNG DER VISUELLEN ANRUFUNGSPUNKTE

Wahrnehmungen sind hierarchisch. Sie sind es wegen der »Enge unseres Bewußtseins«, das keine zwei Sinneseindrücke gleichzeitig verarbeiten kann.

Fotos, als Angebote an unsere visuelle Wahrnehmung, unterliegen diesem Gesetz; ihre ästhetische Qualität erhöht sich durch wahrnehmungsfördernde Plazierung unterschiedlich wichtiger »Anrufungspunkte«. Wahrnehmungsfördernd bedeutet so viel wie: in eindeutiger Rangfolge erscheinend (= hierarchisch). Eine solche Anordnung schafft ideale Voraussetzungen für den Betrachter. Er kann den Bildinhalt nacheinander – dem natürlichen Sehvorgang entsprechend – erkunden.

Wahrnehmungsauslösend, weil in der Hierarchie am höchsten stehend, wirkt in vorliegendem Foto das Gesicht der Gottesmutter (1), vom malenden Kind in seiner zentralen Bedeutung sicher erkannt. Der von ihm ausgehende »Gestaltdruck« ist so intensiv, daß das Auge zwangsläufig mit der Betrachtung hier beginnt. Seine »Auslöser« bestehen aus einer Summe wahrnehmungsfördernder Reize: Einfachheit (Kreisform), Größe, Hochlage, Farbhelligkeit.

Deutlich schwächer in der optischen Wirkung als der Bildschwerpunkt, gleichzeitig jedoch auch deutlich stärker als der Anrufungspunkt, den das malende Kind (3) darstellt, erscheint die Zone der Jesusfigur (2).

Alle übrigen Form- und Farbreize sind in weiterer Hierarchie angeordnet, so daß das Auge auf einer Fülle von unterschiedlichen Sehwegen »herumspazieren« kann.

Genau betrachtet stellt das Prinzip des hierarchischen Sehens einen Sonderfall der Gruppenbildung dar und zielt damit auf Einfachheit: Hierarchische Wahrnehmung ist biologisch notwendig, weil sich der Mensch jeweils nur auf ein Detail konzentrieren kann. Diese Erkenntnis gilt es sinnvoll zu übertragen aufs Bild.

Da sich bei Kenntnis der Gestaltgesetze (oder sicherer Intuition) genau vorhersagen läßt, in welcher Reihenfolge der Betrachter das Foto »liest«, besteht die Möglichkeit, schon vor der Aufnahme begründete Aussagen über dessen ästhetische Qualität zu machen. Entscheidend für seine formale Wirkung ist erstens, daß hierarchisch angeordnete Anrufungspunkte überhaupt gesetzt sind, und zweitens, daß diese wahrnehmungsfördernd, also nicht den natürlichen Augenbewegungen entgegenwirkend, plaziert werden.

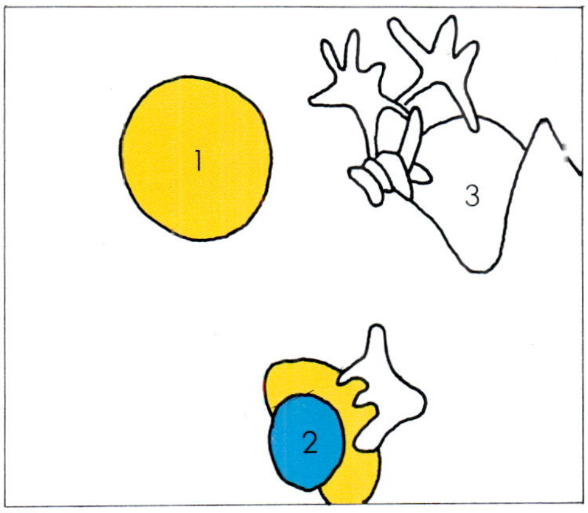

Die Musik besteht, theoretisch gesehen, aus Tonlinien. Sie ähnelt weit mehr einem Bild… als irgendeiner anderen Kunstschöpfung. Der Unterschied besteht darin, daß die Linien in einer Zeichnung sichtbar und beständig, in der Musik dagegen hörbar und in Bewegung sind. Die einzelnen Töne sind die Punkte, durch die die Linien gezogen sind; und der beabsichtigte und vom verständiger Zuhörer wahrgenommene Eindruck beruht nicht auf einzelnen Tönen, sondern auf zusammenhängenden Tonlinien, die Bewegung, Kurven und Ecken beschreiben, die steigen, fallen oder schweben, analog den linearen Eindrücken eines Bildes oder einer Zeichnung.
Percy Goetschius

Es gibt ein Dutzend Läufer, die gute Dreifachsprünge haben. Es ist einfach, nur zu rennen und zu springen. Es muß interessant sein. Es kommt darauf an, wie man die Dinge miteinander verbindet.
Robin Cousins, Eiskunstläufer

Die Gruppe wurde, um ein Vielfaches überbelichtet und unscharf eingestellt, am Meer im Gegenlicht mit einem 400-mm-Objektiv bei geöffneter Blende fotografiert.

GESETZE DES SEHENS II: HIERARCHIE

WAHRGENOMMEN WIRD, WAS IN DER GESTALTHIERARCHIE AM HÖCHSTEN STEHT

Fotos werden nach den Regeln der Gestalthierarchie »gelesen«. Das Auge erfaßt die Details (Anrufungspunkte) nach der Rangordnung ihrer Wichtigkeit. Das Wichtigste kann inhaltlicher oder formaler Natur sein.

Inhaltliche Bevorzugungen können vom Individuum abhängig sein; *formale* Wahrnehmung unterliegt den Gesetzlichkeiten des Sehvorgangs. Wahrgenommen wird, was in der Gestalthierarchie am höchsten steht: die leuchtendste Farbe, die einfachste Form, die größte Helligkeit.

Wegen der begrenzten Aufnahmefähigkeit des Sehsinns sollte kein Foto mehr als drei, höchstens vier Hauptwahrnehmungseinheiten (Anrufungspunkte) aufweisen. Das ist ein schon immer bekanntes künstlerisches Gesetz. Weitere Einheiten in unbeschränkter Zahl hemmen die Wahrnehmung (= stören die Bildwirkung) nicht, sofern sie ebenfalls nach dem Prinzip der hierarchischen Gruppierung dem Ganzen harmonisch eingegliedert sind.

GESETZE DES SEHENS III:
RHYTHMUS

HIER IST DIE HERZZONE

Auge und Geist verlangen von einem gut gemachten Foto lebendig wechselnde visuelle Beziehungen. Nur die Vielfalt unterschiedlicher optischer Reize gewährleistet andauernde Aufmerksamkeit des Betrachters. Übersteigt das Angebot an Formen, Farben, Helligkeitswerten, Richtungsbeziehungen auf der Bildfläche jedoch ein gewisses Maß, reagiert das überstrapazierte Nervensystem mit Müdigkeit; Abwendung und Ablehnung sind die Folgen. Fotos sollten deshalb so aufgebaut sein, daß sie dem physiologischen Bedürfnis nach Aktivität und Ruhe zugleich entsprechen. Konkret: Zonen aktiven Geschehens (visuelle Anrufungspunkte) müssen mit Zonen, wo »nichts passiert«, in harmonischem Gleichgewicht stehen. Dadurch ergeben sich rhythmische Bildgefüge, die optimalen ästhetischen Genuß versprechen.

Hier ist die Herzzone, und deshalb ist auch bei der bildenden Kunst das Letzte, das Entscheidende in aller Wirkung der Rhythmus. Rhythmus ist nämlich nichts anderes als Herzschlag, und der mangelnde Herzschlag oder vorhandene Herzschlag ist ein Prüfstein, um Machwerk oder Kunstwerk zu unterscheiden.
Ricarda Huch

Die Natur ist von einer in ihrer Vielfalt nicht zu beengenden Rhythmik durchdrungen.
Die Kunst ahme sie hierin nach, um sich zu gleicher Erhabenheit zu klären.
Robert Delaunay

GESETZE DES SEHENS III: RHYTHMUS
DIE BEGABUNG IST DER BLICK

Das Wesen des Taktes besteht in der mechanischen Wiedergabe des Gleichen. Er stellt ein vom Menschen geschaffenes Ordnungsprinzip dar. Rhythmus dagegen ist gekennzeichnet durch lebendige Wiederholung des Ähnlichen. Er ist Ausdruck natürlichen Seins. Er äußert sich im Dahinströmen, Tanzen, im ungestörten organischen Ablauf. Im stetig wechselnden Spiel der Wellen wird er ausdrucksstark sicht- und hörbar. Das gibt dem Meer die Macht auf unseren Organismus. In Fotos vom Meer, bevorzugt im Gegenlicht des nahenden Abends, ergeben sich rhythmische Strukturen, die wahrnehmungsfördernd wirken: Ähnliche und kontrastierende Elemente sind zu Gruppen zusammengefaßt, die Vielfalt der Erscheinungen dadurch geordnet und somit leichter »lesbar«. Rhythmus erweist sich als Ordnungsfaktor, als Herzschlag aller bildenden Kunst.

Das Rhythmische ist begrifflich nicht voll faßbar. Hier wird augenfällig, daß rationale Erklärung zwar hilfreich sein kann, die Intuition jedoch das Entscheidende ist.

Ich verließ die Anhöhe und legte mich auf die kühlen Kiesel. Eine leichte Brise kräuselte das Wasser. Ein Möwenpaar glitt auf den kleinen Wellen und schaukelte sich im Rhythmus des Meeres. Ich empfand ihnen nach, wie wohl ihren Leibern die Frische tat. Und während mich das Zuschauen völlig gefangen nahm, dachte ich: Den großen Rhythmus zu finden und sich ihm anzuvertrauen, wäre der einzige Weg, dem man folgen sollte…
Nikos Kazantzakis

GESETZE DES SEHENS IV: GLEICHGEWICHT
DER TRAUM DES MALERS

Mein Traum ist eine Kunst voll Gleichgewicht, Reinheit, Ruhe, ohne beunruhigende, die Aufmerksamkeit beanspruchende Sujets, eine Kunst, die für jeden geistig Arbeitenden, wie für den Künstler, ein Linderungsmittel ist, ein geistiges Beruhigungsmittel, das seine Seele milde glättet, ihm eine Beruhigung von den Mühen des Tages und von seiner Arbeit bedeutet.
Henri Matisse

Das Streben nach Gleichgewicht ist ein universelles Gesetz. Physikalisch gesehen streben die im Universum wirkenden Kräfte nach einem ausgewogenen Zustand. In »geschlossenen Systemen« läßt sich das Gesetz überall im täglichen Leben beobachten: Wasserkörper ungleicher Temperatur mischen sich, unterschiedliche Wärmezonen gleichen sich aus.

Der Mensch kann in gewisser Weise als ein solches geschlossenes System gesehen werden. Wir finden, wie eine allseits bekannte psychologische Grunderfahrung lehrt, die Erfüllung unseres Lebens nur in einem körperlich-seelisch-geistigen Gleichgewichtszustand. Wie schon mehrmals erwähnt, zeigt sich diese Tendenz auch bei der visuellen Wahrnehmung: Das Auge bevorzugt stets die einfachere Figur bzw. die ausgeglichenere Struktur (= das gleichgewichtigere Foto).

Bei jeder Störung von außen versucht der Organismus, das Gleichgewicht wiederherzustellen. Physiologen nehmen an, daß die Lichtreize in den Sinneszellen der Augennetzhaut so entziffert werden, daß die im Wahrnehmungszentrum der Hirnrinde entstehenden elektrischen Spannungen harmonische Felder ergeben.

Aus diesen wahrnehmungspsychologischen Gründen können nur solche Fotos ästhetisch befriedigen, die ausgewogene Bildstrukturen aufweisen. Mit anderen Worten: Je besser sich in dem »Sehfeld« Foto die bildnerischen Mittel (Formen, Farben, Helligkeiten) im Gleichgewicht befinden, um so harmonischere Spannungsfelder bilden sich im Wahrnehmungszentrum des Gehirns, und – was das Entscheidende ist – um so angenehmere Gefühle werden beim Betrachter ausgelöst.

Maler und Bildhauer wußten intuitiv schon immer um solche Zusammenhänge. Gleichgewicht im Bild gilt übereinstimmend als unerläßlicher Bestandteil künstlerischer Aussage.

Ein Foto bezieht seine Wirkung unter anderem aus der Anziehung und Abstoßung von Kräftefeldern, die Linien und Farben auf der Bildoberfläche auslösen. Weisen die Kräfte und die von ihnen erzeugten Felder auf der linken und rechten Bildhälfte dieselben optischen Qualitäten auf, so entsteht ein statisches Gleichgewicht ohne inneres Leben. Das Bild erinnert an eine Waage, die beidseitig mit gleichen Gewichten belastet wurde. Verändert man dagegen die Bildgewichte, indem man z. B. links eine große Tür setzt und rechts eine Topfpflanze, so ändert sich auch die Bildwirkung. Das Gleichgewicht ist jetzt von einer gespannteren Art, interessanter und dynamischer.

Wie kann überhaupt Gleichgewicht durch »ungleiche Gewichte« hergestellt werden? Warum »kippt« das Foto nicht nach links? Experimente haben gezeigt, daß jedes Element auf der rechten Bildhälfte ein schwereres Anschauungsgewicht besitzt und größer wirkt als auf der linken. Soll also Gleichgewicht herrschen, muß es auf der linken Hälfte größer bzw. bildnerisch »schwerer« gemacht werden. Betrachtet man das Foto spiegelbildlich, so wird diese Gesetzlichkeit augenscheinlich: Es kippt deutlich nach rechts! Dasselbe Phänomen tritt auch beim Foto mit den roten Nelken in Erscheinung. Diese bilden, zusammen mit dem Fenster, ein kleines aktives Kräftefeld, das durch eine große passive »Leer«fläche ausgewogen wird – ein Kompositionsprinzip, wie es in den darstellenden Künsten des Fernen Ostens beliebt ist.

GESETZE DES SEHENS IV: DAS DYNAMISCHE GLEICHGEWICHT **FORMEN UND FARBEN SIND WIDERSTREITENDE KRÄFTE**

*Die Farben und Linien sind Kräfte, und in diesem Kräftespiel, in seinem Gleichgewicht, wohnt das Geheimnis der Schöpfung…
Ein solches Kunstwerk wird sich auch als fruchtbar erweisen, denn es ist mit demselben inneren Beben, mit derselben erleuchtenden Schönheit, wie sie den Werken der Natur eigen sind, begnadet.*
Henri Matisse

*Spitze Farben klingen in ihren Eigenschaften stärker in spitzer Form (z. B. Gelb im Dreieck). Die zur Vertiefung geneigten Farben werden in dieser Wirkung durch runde Formen erhöht (z. B. Blau im Kreis).
Eine Vertikale, die sich mit einer Horizontalen verbindet, erzeugt einen fast dramatischen Klang. Die Berührung des spitzen Winkels eines Dreiecks mit einem Kreis hat in der Tat nicht weniger Wirkung als die des Fingers Gottes mit dem Finger Adams bei Michelangelo.*
Wassily Kandinsky

Schwarzer Kreis – entfernter Donner, eine Welt für sich. Roter Kreis – ...strahlt über alle Hindernisse bis in die weiteste Ecke. Blitz und Donner zusammen. Leidenschaftliches »Ich bin da!«. Wunderbar ist der Kreis.
Wassily Kandinsky

So strahlt er über alle Hindernisse bis in die weiteste Ecke. Leidenschaftliches »Ich bin da!«. Die Sonne ist so »gewichtig«, so »aufgeladen mit Kraft«, daß sie mühelos dem riesigen Bergklotz bildnerisch die Waage halten kann.

Empfinden wirklich nur Maler so intensiv, weil sie »sind wie gut gespielte Geigen, welche bei jeder Berührung mit dem Bogen in allen Teilen und Fasern vibrieren«, wie Kandinsky sagt?

Die Antwort kann nur ein klares Nein sein. Das »Vibrieren«, ausgelöst durch die versteckten »Kräfte«, muß in jedem Menschen angelegt sein. Eine Verständigung zwischen Künstler und Betrachter wäre sonst nicht möglich.

Was also versteht man unter den geheimnisvollen »Kräften«? Es sind die den Farben und Linien innewohnenden Wirkungen, welche je nach Beschaffenheit im Gehirn verschiedenartige Eindrücke, Gefühle, Empfindungen auslösen – Ruhe bei waagerechten Linien, Aktivität bei senkrechten, Unruhe und Dynamik bei schrägen; Wärme und Nähe bei der Farbe Orange, Kälte und Ferne bei Blau. Mit intensivem Rot bestrahlte Versuchspersonen etwa reagierten mit erhöhtem Puls und Blutdruck, wurden unruhig und aggressiv. Dies belegt beispielhaft, daß es sich hierbei nicht um spekulativ vermutete, sondern um tatsächliche Kräfte handelt.

Schwarzer Kreis – entfernter Donner, eine Welt für sich. Roter Kreis – …strahlt über alle Hindernisse bis in die weiteste Ecke. Blitz und Donner zusammen. Leidenschaftliches »Ich bin da!«. Wunderbar ist der Kreis.
Das Wunderbarste ist aber: all diese Stimmen mit noch vielen anderen zu einer einzigen zu summieren; das ganze Gemälde ist zu einem einzigen »Ich bin da!« geworden.
Wassily Kandinsky

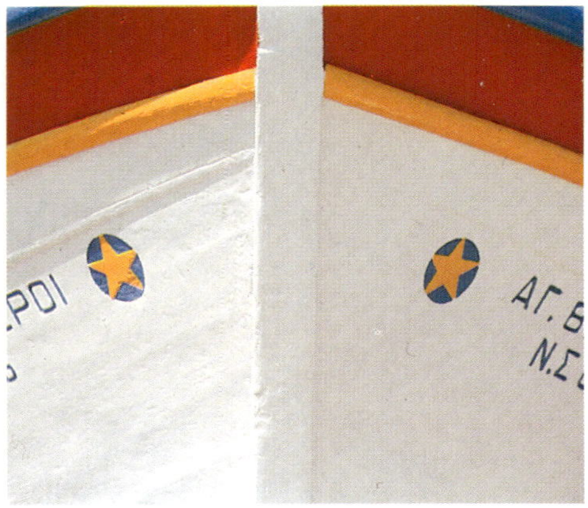

GESETZE DES SEHENS IV: DAS DYNAMISCHE GLEICHGEWICHT

SEIN EINFLUSS AUF DIE FOTOGRAFISCHE GESTALTUNG

Die Natur ist unbegrenzt in der Vielfalt ihrer Erscheinungsformen. Ebenso vielfältig und unbegrenzt sind die Möglichkeiten ihrer Darstellung im fotografischen Bild. Ein sehr beliebtes und ursprüngliches Kompositionsprinzip ist das der Symmetrie. Es spielt in den Hervorbringungen sowohl der Natur als auch der volkstümlichen und religiösen Kunst eine dominierende Rolle. Symmetrisch komponierte Kunstwerke strahlen Ruhe und Würde aus. Dies erklärt unter anderem ihre Häufigkeit im sakralen Bildschaffen aller Zeiten und Kulturen.

Symmetrische Fotos sind ihrer Natur nach im Gleichgewicht, weil beide Bildhälften gleichgeartete Kräfte enthalten. Es ist ein statisches Gleichgewicht, das nur wenig kompositionellen Spielraum gewährt.

Wie sich dynamisches Gleichgewicht erreichen läßt, sei an Beispielen des Malers Paul Klee aufgezeigt (wiedergegeben in: »Das bildner'sche Denken«, Verlag Benno Schwabe, Basel/Stuttgart).

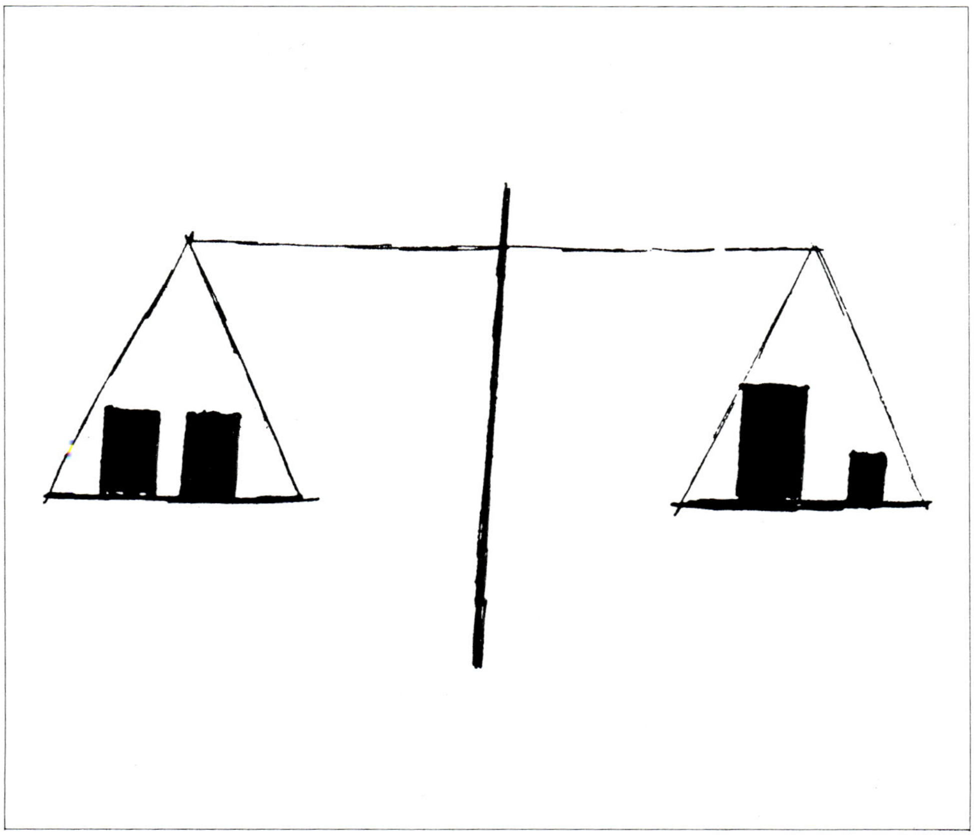

Ein von der Symmetrie abweichender Gleichgewichtszustand könnte illustriert werden mit dem Bild einer Waage; in der einen Schale beispielsweise zwei Pfundgewichte, in der anderen Schale ein Gewicht von 750 Gramm und von 250 Gramm.
Paul Klee

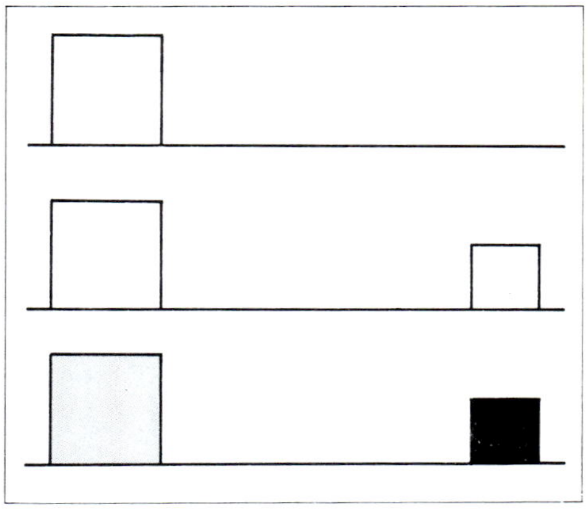

Ich komme auf das Wesen des Gewichtes bildnerischer Elemente. Wenn ich frage: Halten Sie dieses Viereck für schwer oder leicht?, so gibt es dafür keine bestimmte Antwort. Man kann jetzt sagen, das Große sei im Vergleich zum Kleinen schwer. . Relativitäten. Jetzt aber können sich diese beiden Gewichte gegeneinander behaupten, und warum? Das eine ist als Energie leichter, dafür aber viel größer, das andere als Energie sehr schwer, dafür aber klein.

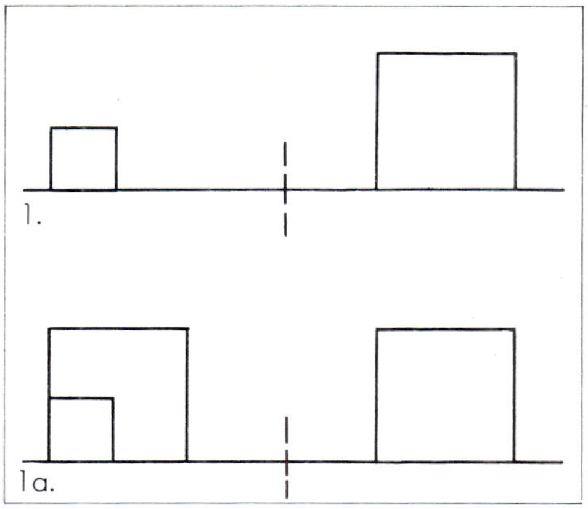

1. Gestörtes Gleichgewicht
Verschiedenheit an Ausdehnung,
Summierung an Energie
auf der rechten Seite durch Addition.

1a. Wiederhergestelltes Gleichgewicht
Greifen wir in unserem Elementenkasten nach der Abteilung Linie und setzen links das Fehlende an (Ausgleich zu Fig. 1).

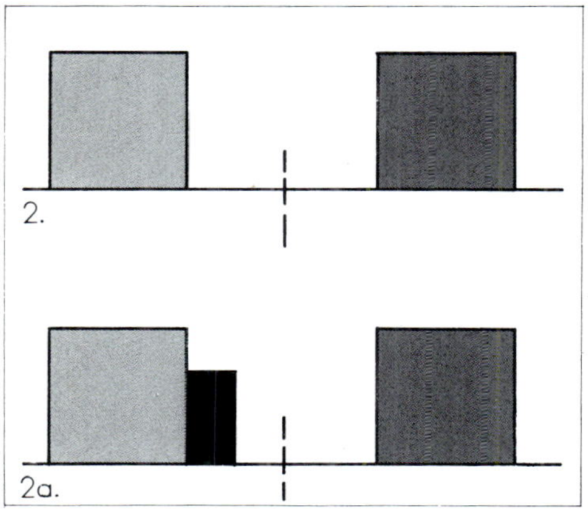

2. Gestörtes Gleichgewicht
Verschiedenheit an Tonwert,
mehr Belastung rechts
an schwarzer Energie.

2a. Wiederhergestelltes Gleichgewicht
Bei Fig. 2a greifen wir nach der Abteilung schwarzer Ton und setzen neben das hellgraue Viereck ein kleines Viereck Schwarz hinzu (Ausgleich zu Fig. 2).

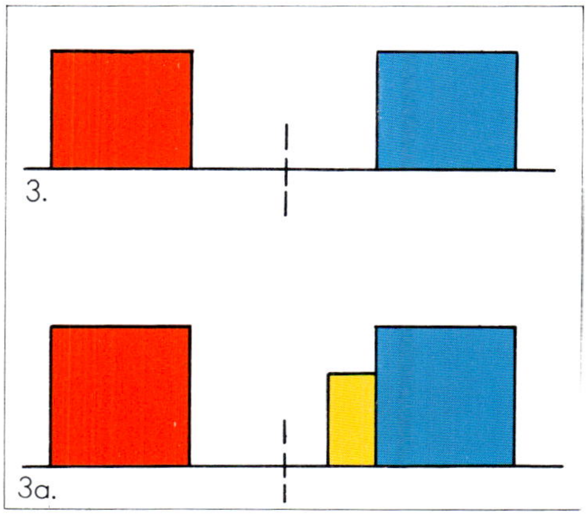

3. Gestörtes Gleichgewicht
Verschiedenheit an Farbwert,
mehr Belastung links
durch den Farbcharakter.

3a. Wiederhergestelltes Gleichgewicht
Greifen wir in die Abteilung reine Farben und belasten die zu leichte blaue Seite vielleicht mit etwas Gelb (Ausgleich zu Fig. 3).

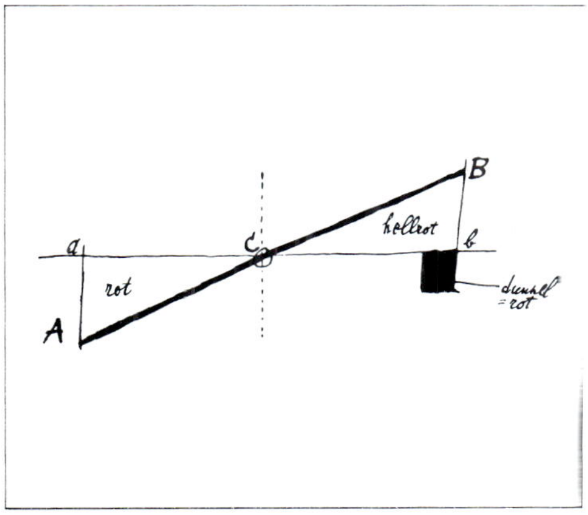

Jedes zwingende Beispiel geht über ein loses Gegenüberstellen wesentlich hinaus…
Die durch das schwerere Rot überlastete Achse A–B hat sich nach A gesenkt und nach B gehoben. Ursprünglich lag sie horizontal (a–b).
Diesen beiden Achsen… ist ein einziger Punkt gemeinsam, der Punkt C. C ist also Drehpunkt. Die Folge dieser Achsendrehung ist, daß Rot links nun tiefer steht als rechts Hellrot. Nun tritt zum Ausgleich Dunkelrot hinzu und wird imstande sein, den Ausgleich zu verwirklichen.

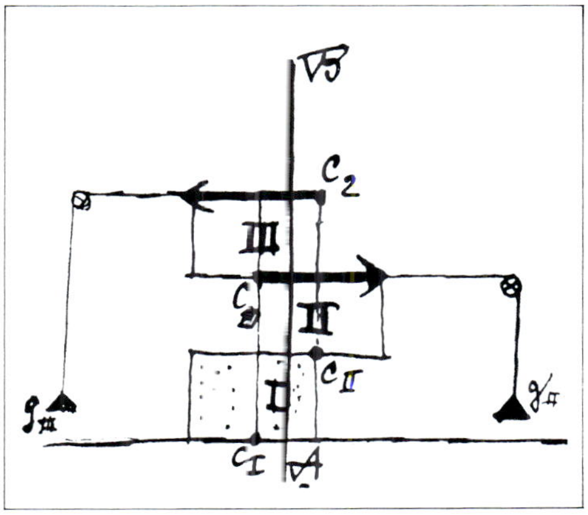

I sei als Sockel gedacht, II als erster Stein auf diesem Sockel, so aufgelegt, daß die Grenze des Kippens eben erreicht wird. Man kann sich vorstellen, daß die Kraft, die das Kippen herbeiführen möchte, im Pfeil ihren Ausdruck findet und in dem Gewicht g ihr Maß. Wenn man nun diese Art des Bauens abwechselnd… fortgesetzt denkt, so würde dadurch ein wirkliches Kippen vermieden. Jeder Stein zerrt sozusagen an der Vertikalachse, jeder möchte die Horizontale in seinem Punkt C_I, C_{II} oder C_{III} zur Drehung bringen.
Paul Klee

GESETZE DES SEHENS V: BILDNERISCHE SPANNUNG UND DYNAMISCHES GLEICHGEWICHT

Wie wir schon sahen, kann der Mensch sich in der Welt nur orientieren, indem das Auge die ungeheure Menge gleichzeitig einströmender Informationen auf ein praktikables Maß reduziert. Es faßt Wahrnehmungsinhalte zusammen, bildet Gruppen, trennt in Figur und Grund, strebt nach Gleichgewicht, kurz: sucht jedes Wahrnehmungsangebot (fotografisches Motiv) so zu ordnen, daß die einfachste Struktur entsteht, die unter den gegebenen Umständen möglich ist. Daraus folgt die These: Fotos müssen optimale Voraussetzungen für Aufnahme und Entschlüsselung durch Auge und Gehirn bieten, konkret: nach den Gesetzen der Einfachheit und des Gleichgewichts aufgebaut sein.
Dem Streben nach Gesetzmäßigkeit, nach geometrischer Klarheit, nach Einfachheit und Gleichgewicht steht entgegen, daß rein gesetzliche Formgefüge (= Fotos) sich dem Auge schnell erschließen und sich damit beim Betrachter Langeweile einstellt, die Lustgewinn verhindert.

Bildnerisch gesprochen: Es fehlt das Moment der Spannung.

Im Bereich der sportlichen Spiele und des Films (laufende Bilder) bedarf der Begriff keiner Erläuterung, anders beim einzelnen (stehenden) Bild. Da stößt er vielfach auf Erstaunen und Unverständnis. Und doch ist Spannung auch hier nichts anderes als dort. Der einzige Unterschied besteht darin, daß sie nicht im zeitlichen Ablauf entsteht, sondern sich in den Formen und Farben direkt äußert.

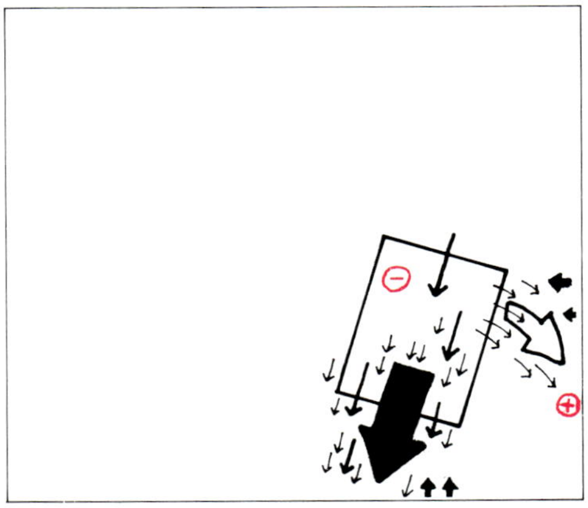

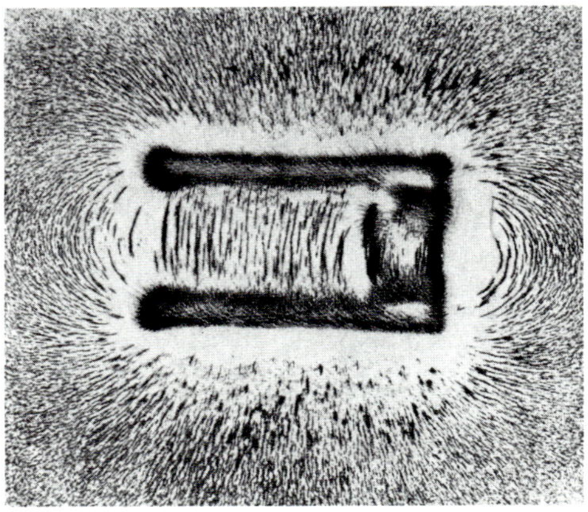

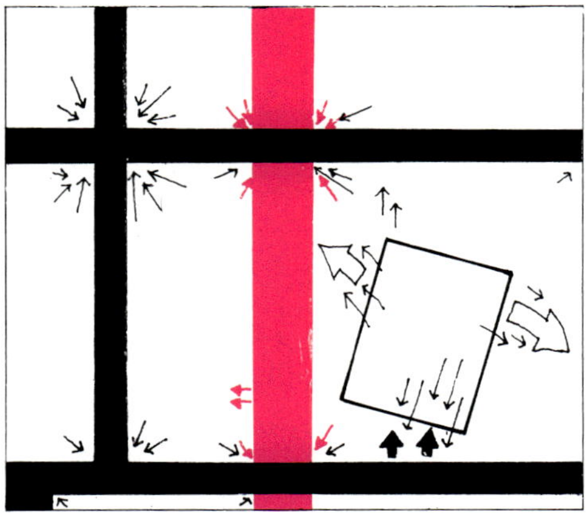

Da ein Foto – wie auch das Leben überhaupt – ohne das Moment der Spannung ebenso langweilig ist wie ein Krimi, der der Spannung entbehrt, soll der Versuch unternommen werden, deren Wesen und Entstehen zu untersuchen:

Die ungegliederte Fläche ist Ausdruck absoluter Ruhe und ohne Leben. Doch, wie Kandinsky sagt: »Scheinbar: wirklich leer, schweigend, indifferent. Fast stumpfsinnig. Tatsächlich: voll Spannungen mit tausend leisen Stimmen, erwartungsvoll.«

Eine Form wird – wie ein Stein in stilles Wasser – in die Fläche »geworfen«.

Sie stört die Ruhe.

Sie aktiviert die Fläche. Sie scheint sich in unterschiedlicher Stärke in verschiedene Richtungen zu bewegen.

Sie erzeugt als visueller Minuspol »bildnerischen Drucküberschuß« gegenüber dem »Pluspol Rahmen«. Wir nennen diese Erscheinung bildnerische Spannung, den dabei entstehenden unsichtbaren optischen Elektronenfluß visuelles Kraftfeld.

Visuelle Kraftfelder zeigen Ähnlichkeit mit magnetischen Kraftfeldern. Magnetisierte Stäbe sind mehr als sie selbst an Ausdehnung, Größe und Gewicht. Ihr elektromagnetisches Feld gehört – obwohl nicht wahrnehmbar – ebenso zu ihnen wie ihre sichtbare Masse.

In Bildern (Fotos) entstehen wahrnehmbare Kräftefelder; die sichtbaren Formen und Farben bilden ihre Brennpunkte. Sie entsprechen den Stäben des Magnetfeldes. Je nach Lage, Richtung und Intensität beherrschen sie verschieden große Bereiche der Bildfläche. Zur schon genannten Spannung zum Rahmen tritt die Spannung zwischen den einzelnen Feldern: Wechselseitige Anziehung und Abstoßung verwandeln die ehemals leere, ausdruckslose Fläche in einen lebendigen optischen Organismus.

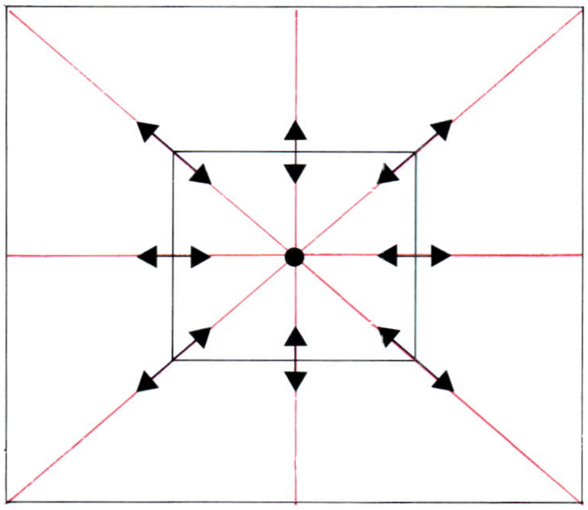

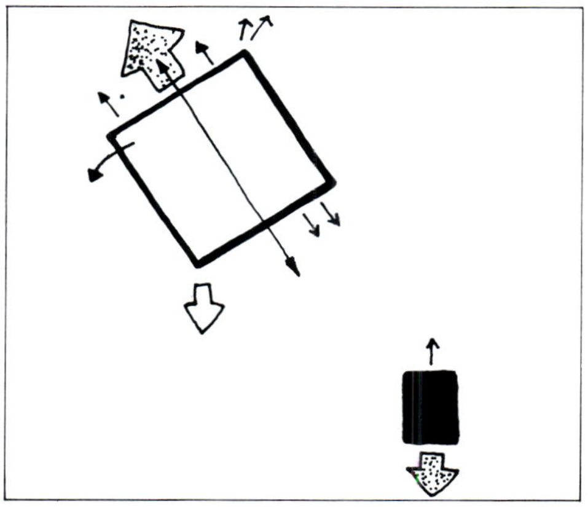

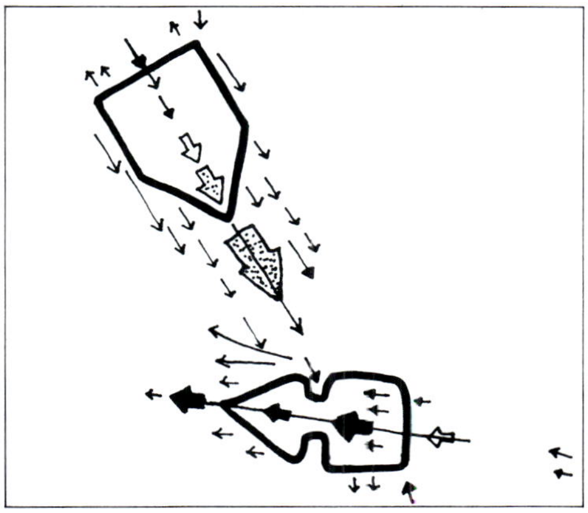

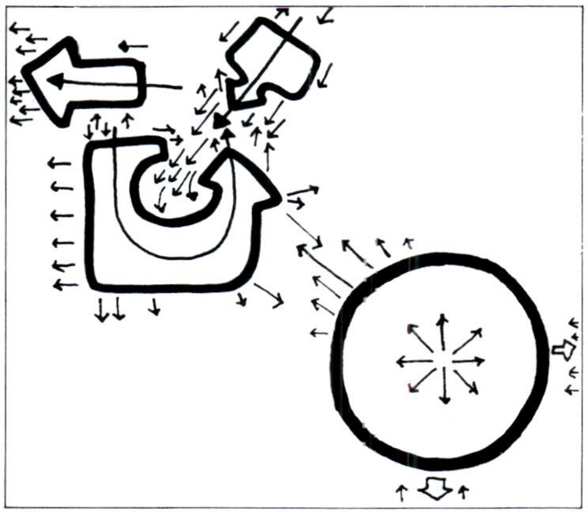

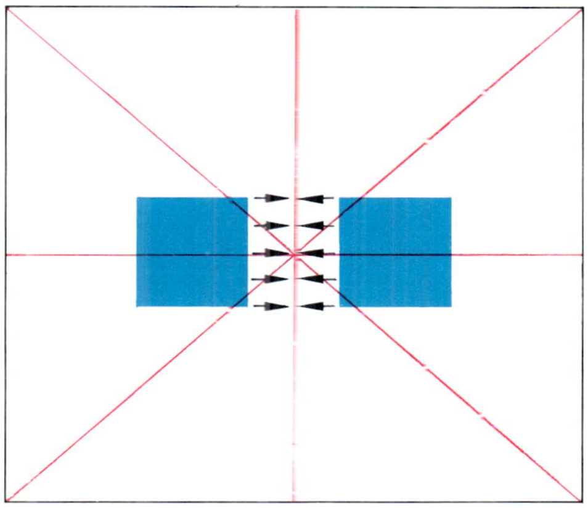

Untersuchungen ergaben, daß die Bildfläche von unsichtbaren Kraftlinien durchzogen wird, welche mit unterschiedlicher Intensität die Bildinhalte abstoßen oder anziehen. Die stabilste Lage zeigt eine Form, wenn ihr Mittelpunkt mit dem der Fläche identisch ist. Dann sind alle Zugkräfte ausgeglichen. Ergebnis: statisches Gleichgewicht.

Rückt man die Formen aus der Mitte, wird sichtbar, daß vor allem Lage, Richtung und Intensität (Größe, Farbe) das Spannungsgeschehen auf der Fläche beeinflussen.

Jede Übereinstimmung einer Form mit einer Kraftlinie bewirkt größere Stabilisierung bzw. Ruhe (Zugkräfte werden ausgeschaltet), jede Nichtübereinstimmung Dynamik bzw. Unruhe. Dynamik kann durch Größe, Hochlage, Richtung und Farbintensität gesteigert werden. Gerichtete Formen zeigen die Tendenz, sich in Richtung ihrer Hauptachse zu bewegen. Entsprechend sind wechselseitige Beeinflussung von Kräftefeldern sowie Spannungen die Folge.

Zwei blaue Quadrate in nebenstehender Anordnung können keine dynamische Bildwirkung erzeugen. Ein Rot wird ins Spiel gebracht. Ist Spannung eingetreten? Nein, nur beziehungsloses Nebeneinander. Spannung entwickelt sich im Miteinander. Spannung in Film und Spiel muß wachsen und sich lösen können. Das ist nur möglich, wenn jeder einzelne Spielabschnitt sinnvoll in den gesamten Handlungsablauf eingegliedert wird.

Dasselbe trifft für die bildnerische Spannung zu: Die Bilddynamik zwischen Kreis und »Gegenkräften« kann nur bei harmonischer Einbindung in die Gesamtfläche voll wirksam werden.

»Es ist ein dynamisches Gleichgewicht, das dem statischen Gleichgewicht entgegengesetzt ist... Leben enthüllt sich als fortgesetzte Dynamik im Gleichgewicht, ...in solcher Weise, daß der Rhythmus sich in Einheit auflöst.«
Piet Mondrian

Am Beispiel des Taubenfotos soll versucht werden, die theoretischen Ausführungen der vorhergehenden Doppelseite zu veranschaulichen.

Unsere Fläche ist zunächst ornamental gegliedert mit rhythmisch verteilten Dreiecken und Vierecken. Das macht sie für den Fotografen »voll Spannungen mit tausend leisen Stimmen, erwartungsvoll«.

Die Sonne streift die Fläche und scheint sie unterschiedlich stark in verschiedene Richtungen zu bewegen. Die Erwartung des Fotografen steigt.

Eine Taube sucht die Sonnenwärme. Sie belebt die schon bewegte Fläche zusätzlich. Sie bereichert die stillen Spannungen um eine weitere Stimme. Sie stört jedoch das Gleichgewicht. Die Erwartung des Fotografen steigert sich.

Eine zweite Taube fliegt auf. Sie wird zum visuellen Brennpunkt des Bildes: Die Erwartung des Fotografen ist erfüllt. Er drückt auf den Auslöseknopf.

Eine bewegte Form wirkt in einem weniger bewegten Umfeld wahrnehmungsauslösend: Die fliegende Taube dominiert über alle anderen optischen Reize. Ihre bevorzugte Ortslage summiert ihr visuelles Gewicht und erhöht gleichzeitig die Bildspannung. Ausgestattet mit der Summe dieser »Kräfte« beherrscht sie die linke Bildhäfte und korrigiert das gestörte Gleichgewicht.

Das Taubenfoto ist ein »stilles« Bild. Seinem friedlichen Inhalt entsprechen symmetrische Komposition, strenge geometrische Struktur und monochrome Farbgebung. Alle Formen erscheinen als fest in den Rahmen eingebunden. Wie anders dagegen die Aufnahme des Stierkampfs! Alle Bildschwerpunkte sind aus der Mitte gerückt. Alle bildnerischen Mittel wirken gegeneinander: Weiß und Schwarz – Leben und Tod, gehetzte und geschundene Kreatur! Rote Linien schlagen Farbwunden – Aggression und verzweifelte Gegenwehr, verletzende Lanze und schreckliche Verletzung! Die Dynamik der Schrägen (S. 144) beherrscht das gesamte Bildgeschehen, scheint den Rahmen zu sprengen: Alle Kräfte »sprechen« von Gegensatz, Kampf und unausweichlichem Schicksal.

Mich interessiert nur ein Gleichgewicht, das sich gerade noch trägt.
Pablo Picasso

Wir wollen den Schock aller spitzen Winkel...; die schrägen Linien, die auf die Sinne des Betrachters fallen wie Pfeile, die vom Himmel kommen...
Carlo Carrà

DAS OPTIMALE FOTO **WAS IST WESHALB SCHÖN? ODER: WIE FOTOGRAFIERT MAN WAS GUT?**

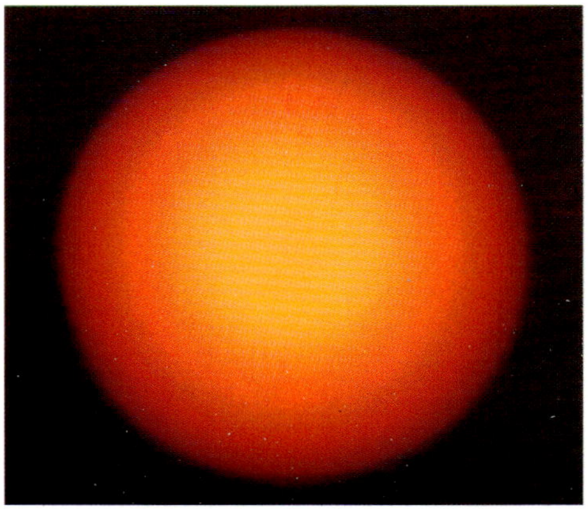

Das optimale Foto ist ein Glücksfall. Er wurde dem Verfasser noch nicht beschieden.

Das optimale Foto stellt ein solch vielschichtiges Gebilde dar, daß das bisher Gesagte nur zu einem Teil ausreichte, es zu beschreiben. Die wesentlichsten Voraussetzungen seien deshalb hier noch einmal nebeneinandergestellt. Ergänzt werden müßten sie durch Faktoren, die in der Persönlichkeit des Fotografen begründet sind: Begabung, Sensibilität, Reaktionsvermögen, »Riecher« für den entscheidenden Moment, Training und Wille zur Perfektion. Gesellt sich dazu die Gunst des Augenblicks, kann es als Glück »zufallen«.

WAS TIERE ALS SCHÖN EMPFINDEN **VORSTUFEN ÄSTHETISCHER WAHRNEHMUNG**

Manche Verhaltensforscher werten bei höher entwickelten Tieren beobachtete Form- und Farbbevorzugungen als mögliche Vorstufe menschlichen ästhetischen Erlebens. Besonders interessant in vorliegendem Zusammenhang sind die von B. Rensch und D. Morris angestellten Versuche mit Affen:

- Sie gaben regelmäßigen Mustern mit symmetrischem Aufbau und/oder stetigem Linienverlauf eindeutigen Vorzug, obwohl ihre natürliche Umwelt durch Unregelmäßigkeit gekennzeichnet ist – ein Hinweis, daß wahrnehmungsfördernde Faktoren wie Einfachheit und Ordnung angenehme Empfindungen auslösen.
- Sie bevorzugten farbige Muster und fügten vorzugsweise gleichartige Farben und Formen zu Mustern zusammen – ein Hinweis, daß der Wunsch, Ordnung zu schaffen, auch bei Tieren als angeborene Verhaltensweise wirksam wird.
- Sie legten beim »Malen« (nach Morris) Wert auf Komposition – ein Hinweis, daß Empfindungen für Rhythmus, Differenzierung, Spannung und Gleichgewicht als gegeben angenommen werden müssen.

Inwiefern sind solche Gedankengänge sinnvoll im Rahmen eines Buchs über fotografische Gestaltung? Sie stützen die These, daß es bei aller subjektiven Unterschiedlichkeit gewisse allgemeingültige Gesetze ästhetischen Empfindens gibt; Gesetze, mit deren Hilfe sich festlegen läßt, wie man was gut fotografiert.

ANGEBORENE AUSLÖSEMECHANISMEN
AAM'S HABEN SIGNALCHARAKTER

Tiere reagieren auf bestimmte Umweltreize stets auf dieselbe Weise – auch wenn die Reaktion vorher nicht erlernt werden konnte: Katzen überqueren keinen mit einer Glasplatte abgedeckten Spalt; Hühnerküken suchen vor einer Raubvogelattrappe Schutz bei der Glucke; Zecken lassen sich nach jahrelanger Hungerperiode auf das »Signal« Buttersäure auf Säugetiere fallen.

Solche Verhaltensmuster werden instinktiv ausgelöst. Sie sind erblich im Nervensystem der Tiere verankert. Man bezeichnet sie deshalb als »angeborene auslösende Mechanismen«, abgekürzt AAM. Auch bei Menschen können AAM's, also automatisch ablaufende, vom Verstand nicht oder nur schwer kontrollierbare Reaktionen auf visuelle Umweltreize wirksam werden. Da sie auf das Unterbewußtsein zielen, erregt ihre Anwesenheit im Foto erhöhte Aufmerksamkeit. Je mehr sie dabei dem auslösenden Muster (z. B. den Geschlechtsmerkmalen) gleichen, desto intensiver wird ihre Bildwirkung sein. Allgemein bekannte Auslösemechanismen sind:

- Das Kindchenschema, welches »Brutpflegeverhalten« hervorruft.
- Das Partnerschema, welches erotisiert und sexuell stimuliert.
- Das Augenschema, welches für den Menschen als vorwiegend optisch orientiertes Tagwesen höchsten Signalcharakter hat.

GESETZE DES SEHENS
DAS WAHRNEHMUNGSFÖRDERNDE WIRD ALS SCHÖN EMPFUNDEN

Das Auge kann verschiedene Dinge nicht gleichzeitig wahrnehmen. Es ist bestrebt, die Erscheinungsformen nach der Rangordnung ihrer Wichtigkeit zu erfassen. Farbe kann eine solche »Wichtigkeit« sein: Die Sonne erweckt auf dieser Doppelseite als erstes Aufmerksamkeit. Ihre Gestalt zieht als Dominante das Auge unwillkürlich an. Der »Zug« – in der Wahrnehmungspsychologie Gestaltdruck genannt – ist so ausgeprägt, daß es die größte Mühe bereitet, die Sonne nicht sehen zu wollen.

Erst nach einer bestimmten Zeit löst sich das Auge und erkundet die übrigen Inhalte der Seite. Dabei wird es in der Regel links oben beginnen – und zwar deshalb, weil wir im westlichen Kulturkreis gewöhnt sind, von links nach rechts zu lesen. Daraus folgt eine Sehgesetzlichkeit, welche besagt, daß Wahrnehmungen hierarchisch sind.

Soll ein Foto wirken, muß es weitere Sehqualitäten wie Rhythmus, Spannung und dynamisches Gleichgewicht aufweisen. Gleichgewicht ist notwendig, weil jedes optische Feld (= fotografisches Motiv) zu der einfachsten, ausgeglichensten und regelmäßigsten Organisation (= Bildordnung) strebt. Mit anderen Worten: Der menschliche Organismus verarbeitet die Wahrnehmungseindrücke stets so, daß sich im Gestaltzentrum der Hirnrinde harmonisierte Spannungsfelder ergeben. Verhindern wir durch falsches Setzen der Bildzeichen (= Formen und Farben) diesen physiologischen Vorgang, so wirken wir dem natürlichen Sehen entgegen. Das Foto kann keine angenehmen Gefühle auslösen.

DIE KÜNSTLERISCHEN GESETZE
SIE SIND IDENTISCH MIT DEN GESETZEN DES SEHENS

Künstler wußten – wie Selbstzeugnisse belegen – über Gesetzlichkeiten des Sehens, welche bei der Gliederung der visuellen Umwelt wirksam sind, seit jeher Bescheid. Ihre intuitiven Einsichten wurden von experimentellen Erkenntnissen bestätigt. Der Ursprung der künstlerischen Gesetze ist in der Wahrnehmung begründet: Künstlerische Gesetze sind identisch mit Gesetzen des Sehens. »Die Intuition aber«, sagt Konrad Lorenz, »erweist sich bei genauerer Untersuchung als eine besondere Leistung der Gestaltwahrnehmung.«

Die Realität erscheint uns tragisch wegen des Nichtgleichgewichts und der Wirrheit ihrer Erscheinungsformen. Es ist unsere subjektive Sicht, die uns leiden macht. – Es ist immer klarer geworden, daß der Gestaltungsausdruck der wahren Realität erreicht wird durch dynamische Bewegung im Gleichgewicht.
Piet Mondrian

Der Harmoniebegriff Goethes: Harmonisch sind solche Farbzusammenstellungen, die dem Auge die von ihm geforderte Ergänzungsfarbe, die es selbst erzeugen kann (in den farbigen Nachbildern), von außen entgegenbringen.
Adolf Hoelzel

Kunst ist Harmonie. Harmonie wiederum ist Einheit von Kontrasten und Einheit von Ähnlichkeiten, im Ton, in der Farbe, in der Linie.
Georges Seurat

DAS EWIG NEUE WIE
ÜBER FORM UND INHALT

Das Wichtigste, das Ausschlaggebende, so hielt es schon die alte Kunst, ist das ewig neue Wie.
Jakob Burckhardt

Was ist gemeint?

Wir versuchten darzustellen, wie man als Fotografierender sich der Meisterschaft nähern könne. Dabei entwickelten wir Kriterien, mit deren Hilfe keine absoluten Aussagen, jedoch begründete Urteile möglich werden.

Diese Kriterien ergeben sich niemals aus dem Inhalt (Motiv), sondern immer aus der Form. Nicht was dargestellt ist, entscheidet über die Qualität eines Fotos, sondern wie es dargestellt ist. Weder Kameratyp noch Ort- und Zeitwahl spielen eine Rolle. Wer nicht über finanzielle Mittel verfügt, um exotische Fernen zu bereisen, kann etwa in der Makrofotografie Meisterliches vollbringen. Entscheidend ist allein das formale Können. Alle großen Fotografen sind Meister der Form, denn, wie Schopenhauer sagt: »Die Form ist der höchste Inhalt.«

Abzulichten vermag jeder, der einen Knopf bedienen kann. Was den Ablichter vom Lichtbildner unterscheidet, ist die Fähigkeit des visuellen Ausdrucks, der formalen Gestaltung.

Den Stoff sieht jedermann vor sich, den Gehalt findet nur der, der etwas dazuzutun hat, und die Form ist ein Geheimnis den meisten.
Johann Wolfgang von Goethe

DAS SINNENHAFTE ZUERST
DIE LUSTSONDE IM GEHIRN

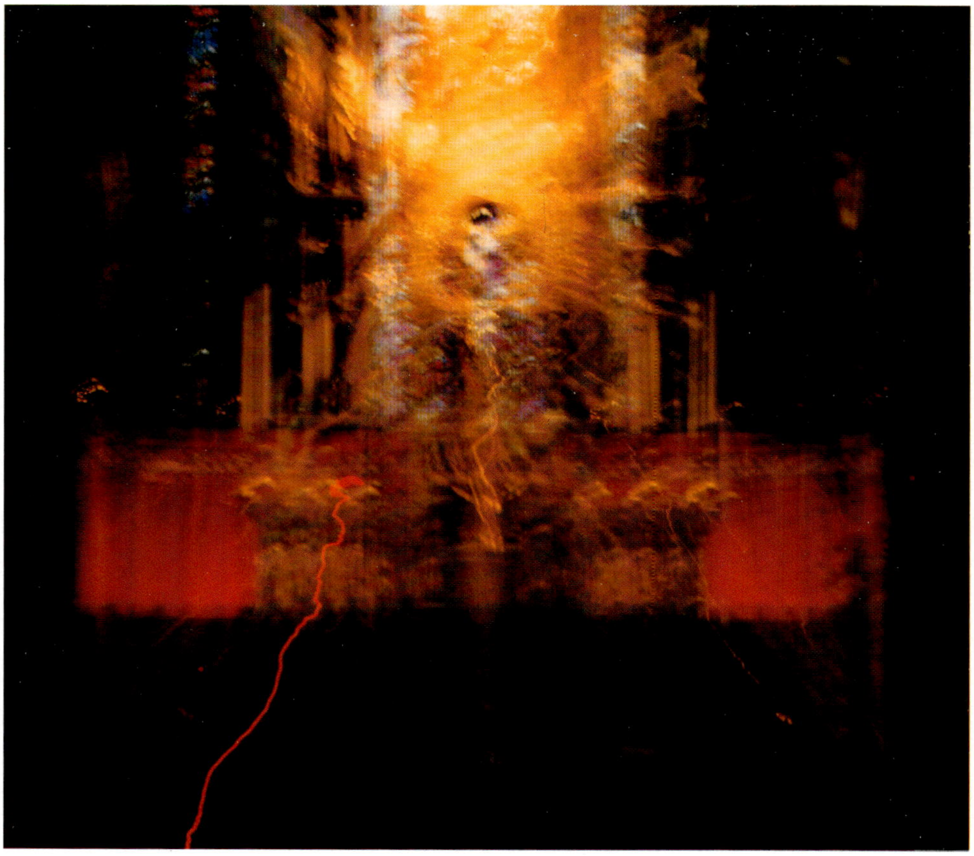

Streben nach Glück scheint der elementarste Trieb aller höheren Lebewesen zu sein. Ratten z.B., denen man eine elektrische Sonde in das »Lustzentrum« des Gehirns einführte, reizten sich bis zu 30000mal am Tag selbst. Sie waren also alle drei Sekunden »glücklich«! Fotos können »Lustsonden« sein, Angebote zum Selbstgenuß. Daher das Sinnenhafte zuerst: Das Erlebnis des Schauens. Der Spaß am Bildermachen. Dann erst das Buch: Das Sehgesetz. Die Erfahrung der Könner als Vorbild. Das erläuternde Wort der großen Maler, Dichter, Fotografen als Hilfe zu mehr Glücksgefühl.

Ich komponierte aus dem Instinkt, ich setzte die Farben mit der einzigen Idee, die für mich alles entschuldigt: sagen, was ich fühlte.
Maurice de Vlaminck

Wollen und Willen, Überlegung und Denken, alles war wie ausgeschaltet, ich war nur Maler. Und dabei entstanden immer noch meine schönsten Bilder.
Emil Nolde

MOTIVBEREICH LANDSCHAFT

Von solchen Tagen kehrt man am Abend mit den Zeichen der Trunkenheit heim, wie junge Leute von Sommerfahrten heimkommen. Es sind gute Zeiten; Aufschwünge sind immer mit diesem Stigma versehn. Trunkenheit des Liebesmoments, Schlaftrunkenheit, die den Traum in sich trägt, Hingenommenheit der Versenkung und der Rausch des Schaffensmoments: in die Reihe rückt der Sturz in die Landschaft dann ein. Da er Offenbarungskraft hat und im Stand ist, Zuflüsterungen zu schenken, zählt er zu den Mächten, mit deren Hilfe wir durch die Wände zu treten vermögen. Dann ist uns eine Weile das Freie gegönnt.
Erhart Kästner

Ist es dieser »Sturz«, der uns das Freie gönnt, welcher die Lust an der Landschaftsfotografie ausmacht?

Oder der Spaß, fotografisch »durch die Wände zu treten«? Beides zu erkunden wäre reizvoll.

MOTIV UND MOTIVATION
ENTSCHEIDEND IST DAS INTERESSE DES FOTOGRAFEN

Wenn es zutrifft, daß im schöpferischen Prozeß niemals das Was, sondern stets das Wie entscheidet, wenn also Schiller recht hat mit seinem Wort »In einem wahrhaft schönen Kunstwerk soll der Inhalt nichts, die Form aber alles tun…« – dann kann jeder *beliebige* Inhalt der sichtbaren Welt zum Motiv werden: die grandiose Vulkanlandschaft ebenso wie ein unscheinbarer Stein in ihr.
Ausschlaggebend ist jeweils nur das kreative Auge.

Erfahrene Fotografen beschäftigen sich mit Motiven, an denen sie interessiert sind, die ihre Neugier wecken. Interesse und Neugier wandeln sich in Liebe. Liebende Zuneigung einer Sache gegenüber garantiert am ehesten den Erfolg. Erfolg und Mißerfolg sind mächtige Triebfedern menschlichen Verhaltens. Sie steuern, wie psychologische Untersuchungen belegen, die Motivation. Der Fotograf entwickle demgemäß zunächst Liebe zu seinem Motiv!

Geliebte Motive erschließen sich von selbst. Interessierte Hinwendung *macht* sie »fotogen«.

Erfahrene Fotografen wissen auch – und dies soll nicht verschwiegen sein –, daß es »von Haus aus« fotogene und weniger fotogene Motive gibt. Sie bevorzugen solche, die Erfolg (sprich: gute Bilder) erhoffen lassen.

Wie man »glückversprechende« Motive findet, lehrt vor allem die Erfahrung; sie schult am intensivsten. Welch überraschende Anzahl scheinbar unfotogener Motive doch fotogen ist, versuchen zahlreiche Fotos dieses Buches zu belegen.

MOTIV UND MOTIVATION
ENTSCHEIDEND IST, WIE SENSIBEL DER FOTOGRAF SEHEN KANN

Du hast kein Auge dafür, weil du keine Liebe dafür hast.
Theodor Fontane

In der Landschaftsfotografie scheint die Wahl des vielversprechenden Motivs unproblematisch zu sein. Denn hier, so mag man denken, braucht man nur ins Volle zu »schießen«. Dieses gründlich zu revidierende Vorurteil ist sicher der Grund für manche persönliche Enttäuschung.
Auch hier gilt:

Das Motiv muß man finden, nicht suchen. Suchen ist nur Herumgucken, Finden ein aktiver Sehprozeß, der Mühe fordert. Mehr noch: Interesse und, wie wir sagten, liebende Zuwendung. Dazu gehört ein »Riecher« für fotogene Motive. Er kann durch Erfahrung trainiert werden.

Das Motiv muß man befragen – auf seine Bildwerdung. Wie läßt es sich optimal fotografieren? Also: Welcher Standpunkt ist der beste? Welche Entfernung? Zu welcher Tageszeit herrschen die besten Lichtverhältnisse? Welches Objektiv erlaubt die dichteste Aussage? Dazu gehören über die Erfahrung hinaus Gespür und technische Kenntnisse. Letztere kann man sich aneignen.

Das Motiv muß man bildnerisch gestalten; denn, wie Picasso sagt: »Die Natur ist eine Sache, das Bild ist eine andere Sache.« Womit er meint, daß ein Bild als selbständiges Wesen eigenen Gesetzen unterliegt, nämlich den künstlerischen von Einfachheit und Rhythmus, Spannung und Gleichgewicht.

MOTIV UND MOTIVATION

ENTSCHEIDEND KANN AUCH DIE FOTOGRAFISCHE AUSRÜSTUNG SEIN

Außergewöhnliche Objektive garantieren außergewöhnliche Fotos – vielleicht der schwerwiegendste fotografische Irrtum überhaupt! Sie erschließen außergewöhnliche Möglichkeiten – nicht mehr und nicht weniger. Außerordentlichen Bildleistungen stehen sie eher im Wege, da sie überdurchschnittliches Können voraussetzen. Dies gilt zumindest für Super-Weitwinkel- und Fischaugen-Objektive: Nicht jede perspektivische Verzerrung ist gleichbedeutend mit Originalität, nicht jeder Verfremdungseffekt Inbegriff des Außergewöhnlichen. Richtig gebraucht, als Mittel der Aussagesteigerung und zur Bewältigung extremer, vom Motiv her bedingter Schwierigkeiten allerdings sind sie unentbehrlich. Doch auch dann ist Sparsamkeit am Platze. Nicht nur besonders schwache, auch überzogene Reize nutzen sich leicht ab! Beide »Horizont«-Fotos wurden mit einem 17-mm-Fischauge aufgenommen.

Universeller einsetzbar sind Teleobjektive: insbesonders, wenn sie wie die Novoflex-Schnellschußobjektive einen Pistolengriff und ein zwischen Objektiv und Gehäuse eingefügtes Balgengerät besitzen, das gewissermaßen Nahaufnahmen aus der Ferne erlaubt. Langbrennweitige Objektive erleichtern wahrnehmungsförderndes Fotografieren: Sie bilden das Motiv größer ab und reduzieren so die Information. Sie engen den Schärfentiefenbereich ein und trennen so Figur und Grund. Sie drücken die Raumtiefe zusammen und bewirken so Einfachheit. Teleobjektive sind »Tausendsassas« bildgestalterischer Möglichkeiten für den, der fotografisch sehen kann.

MOTIV UND MOTIVATION
AM ENTSCHEIDENDSTEN IST DIE FANTASIE DES FOTOGRAFEN

»Sehen lernen ist alles«, war der immer wiederholte Rat des Malers Hans von Marées an seine Schüler. Sehen lernen stellt einen aktiven und stets andauernden Prozeß dar. Es ist, wie Henri Matisse sagte, in sich selbst schon eine schöpferische Tat, die Anstrengung verlangt. Dasselbe gilt auch für fotografisches Sehen.

Fotografisch sehen können bedeutet zunächst, über bildnerische Fantasie verfügen, Talent haben. Dann: Das Talent entfalten durch eigenes Tun. Ein berühmter Fotograf meinte, man müsse wohl zehntausendmal auf den Knopf gedrückt haben, bevor man beim zehntausendundeinten Mal im Bruchteil einer Sekunde alle die Entscheidungen treffen könne, die zur Entstehung einer überdurchschnittlichen Aufnahme notwendig sind.

Fotografisch sehen heißt erkennen, wie ein Motiv mit Hilfe der bildnerischen Mittel Farbe, Kontrast, Schärfentiefe, Licht und Schatten in optimale Bildstrukturen umgesetzt werden kann.

Optimale fotografische Bilder zeichnen sich neben allen bisher genannten Qualitäten durch Originalität aus. Diese liegt nicht in der mühsam gesuchten neuen Thematik, sondern in der unerwarteten, anderen Schau »gewöhnlicher« Motive, im »ewig neuen Wie« (S. 102). In den Aufnahmen der »Meteoraklöster« soll durch Einsatz außergewöhnlicher Mittel die Außergewöhnlichkeit der Landschaft deutlich werden: 17-mm-Fischaugen-Fotos, z.T. mit Gelbfilter; im zweiten Foto mit einer 400-mm-Aufnahme zum Sandwich gefügt.

RAUMTIEFE
DIE KLASSISCHE LÖSUNG

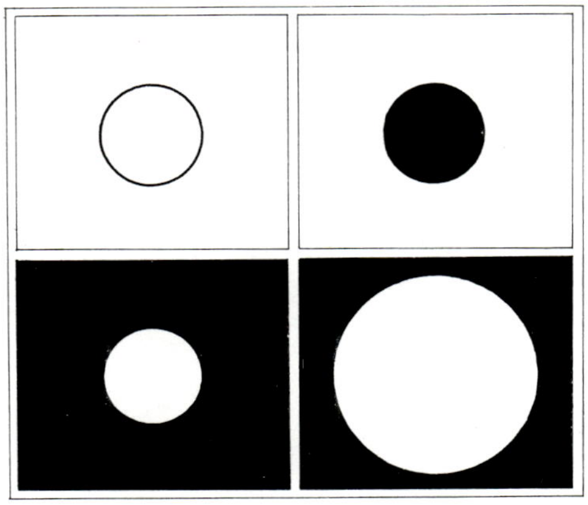

Wir erleben alle Dinge als räumlich und im Raum befindlich.

Jeder Sehraum (das ist der erlebte Raum im Gegensatz zum gedachten Raum), ob engbegrenztes Zimmer oder weitbegrenzte Landschaft, weist perspektivische Verkürzungen, Überschneidungen und unterschiedliche Größenverhältnisse auf. Besonders intensiv ist das Raumempfinden in der Landschaft, und hier wiederum bevorzugt im Hochgebirge und am Meer, wo der Blick ins unverstellte Weite schweifen kann.

Fotos, in denen Raum sichtbar gemacht ist, kann man dreifach befragen:

- Welche Sehgesetzlichkeit(en) liegt (liegen) zugrunde?
- Mit welchen bildnerischen Mitteln wurde optische Tiefe erreicht?
- Welche technischen Mittel sind eingesetzt worden?

Bildnerische Mittel (Punkt, Linie, Fläche, Farbe, Schärfe-Unschärfe) sowie technische Mittel (Objektive) sind wahrnehmungsfördernd im Sinne der künstlerischen Gesetze (Einfachheit, Rhythmus, Spannung, Gleichgewicht) einzusetzen.

- Sehgesetzlichkeiten

Nichträumliches Sehen ist unmöglich. Wie der Versuch im Ganzfeld (S. 51) zeigte, wird jeder optische Reiz als im Raum befindlich wahrgenommen. Dasselbe trifft für Objekte in der Fläche (= Foto) zu. Einen linear gezeichneten Kreis sieht man entweder wie einen Draht auf der Fläche liegend oder als eingeschnittenes Loch, niemals aber in derselben Ebene. Eindeutigen Lochcharakter zeigt ein schwarzer Kreis auf weißem Grund. Ein weißer Kreis auf schwarzem Grund dagegen scheint auf der Fläche zu schweben. Nimmt er eine Größe an, die sein Umfeld zu sprengen droht, so tritt der bekannte Rahmen- oder Guckkasteneffekt ein. Je stärker dabei der Hell-Dunkel-Kontrast ausgeprägt ist, um so ausgeprägter ist auch die Raumwirkung.

Ähnliche Wahrnehmungen werden durch Farbe hervorgerufen. Warme Farbtöne wie Orange scheinen sich auf den Betrachter zuzubewegen, kalte wie Blau dagegen sich von ihm zu entfernen. Optimale Raumtiefe wird erreicht, wenn helle, warme Farben im Vordergrund dunklen, kalten im Hintergrund gegenüberstehen.

- Bildnerische Mittel

Das Foto mit Baum lebt primär aus der Form. Es zeigt die »klassische« Lösung des Raumproblems durch Dreiteilung in Vorder-, Mittel- und Hintergrund mit kräftigem Hell-Dunkel-Kontrast. Die Aufnahme »Zypressen am Meer« dagegen und – in verstärktem Maße – das Bild »Dünen« sind klassische Beispiele für die Farbperspektive. Man versteht darunter die den Farben innewohnende Fähigkeit, im Menschen tiefenräumliche Empfindungen auszulösen. Besonders deutlich wird dieses Prinzip im Bild der Dünen, wo durch ausgeprägte Hell-Dunkel-Abläufe und Warm-Kalt-Beziehungen Raumtiefe hervorgerufen wird.

- Technische Mittel

Die gesättigten Farbtöne der Zypressenaufnahme entstanden durch Verwendung eines Polarisationsfilters.

RAUMTIEFE
DIE ÜBERLAGERTE FIGUR LIEGT HINTEN

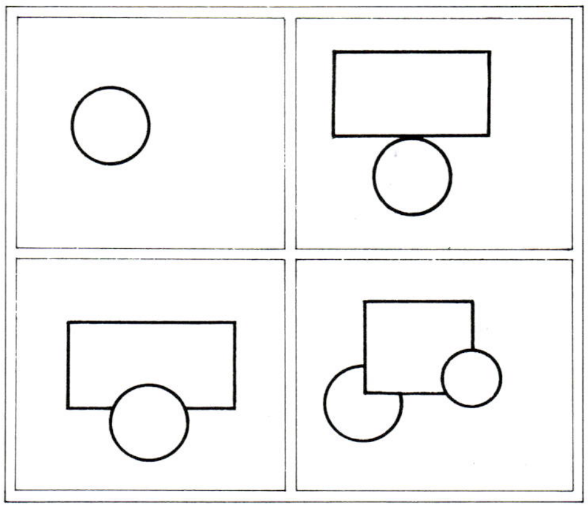

● Sehgesetzlichkeiten
Eine einzelne Form oder zwei sich berührende Figuren erzeugen ein geringes Raumgefühl. Schneidet dagegen eine Figur ein Stück einer anderen ab, nimmt das Auge unwillkürlich eine Überlagerung wahr. Die Figur, welche die andere teilweise verdeckt, wird als näher empfunden. Farbe kann auch hier im Sinne einer Verstärkung oder Abschwächung der Raumtiefe eingesetzt werden.

Überschneidung bewirkt, wie besonders die farbigen Figuren zeigen, immer visuelle Spannung. Sie ist ein Mittel, um Lebendigkeit zu erzeugen: Man spürt die unterschiedlich starken Kräfte, mit denen sich die Farbformen nach vorne und hinten sowie seitlich voneinander lösen wollen.

● Bildnerische Mittel
In der Aufnahme S.119 oben erscheinen die Farben im Sinne einer Verstärkung der Raumtiefe: Helles Weiß drängt nach vorne, warmes Rot hält die Mitte, kaltes Blau weicht in die Ferne. Ein kräftig-heiterer Farbklang entsteht. Im Foto darunter klingen die Farben verhalten und weich, Ton in Ton: Der Raum drängt sich in abendlicher Stille zusammen.

● Technische Mittel
Teleobjektive (unteres Foto: 400 mm) schwächen den Eindruck der Raumtiefe ab; Polarisationsfilter (oberes Foto) verstärken sie durch Erhöhung des Kontrastes.

RAUMTIEFE

SCHÄRFE/ UNSCHÄRFE UND TRANSPARENZ ALS MITTEL ZUR RAUMDARSTELLUNG

● Sehgesetzlichkeiten

Schärfe wirkt wahrnehmungsauslösend. Die scharf gezeichneten Bildzonen werden stets zuerst gesehen – gleichgültig, ob sie sich im Vordergrund, in der Bildmitte oder im Hintergrund befinden. Dadurch wird dem betrachtenden Auge automatisch optische Tiefe suggeriert.

Die Raumillusion ist auch deshalb so überzeugend, weil durch Schärfe und Unschärfe Figur und Grund, Wesentliches von Unwesentlichem getrennt werden. Dies wiederum wirkt im Sinne hierarchischer Wahrnehmung und des letzten Endes entscheidenden Strebens des Auges nach Einfachheit.

Das Prinzip Schärfe-Unschärfe stellt einen Sonderfall der Überschneidung dar, bei dem die sich überlagernden Bildinhalte einander so durchdringen können, daß die Farbflächen ganz oder teilweise transparent erscheinen.

● Bildnerische Mittel

Bei allen drei Fotos beruht die Raumtiefe neben der Schärfe-Unschärfe-Beziehung auf der Farbperspektive: Warme »Vordergrundfarben« stehen kalten »Hintergrundfarben« gegenüber.

● Technische Mittel

Durch den »Trick mit der Blume« (S. 162) läßt sich Vordergrundunschärfe problemlos mit jedem beliebigen Objektiv erzielen: Foto »Toskanischer Hof« 35 mm, »Matterhorn« 85 mm, »Kirchturm« 400 mm.

RAUMTIEFE
HORIZONTE ALS RAUMSCHAFFENDES ELEMENT

Zwei ungleich große Figuren erscheinen, obwohl sie sich in derselben Ortslage (Position) befinden, nicht neben-, sondern hintereinander.

Auch bei größter Bemühung des Betrachters verhindert der Gestaltdruck, die Situation umgekehrt zu sehen.

Der Eindruck tiefenräumlicher Staffelung verstärkt sich mit zunehmender Hochlage einer Figur, Höherwandern der »Horizontlinie« und gegenseitiger Überschneidung der Bildelemente; ebenso durch raumfördernd eingesetzte Farbe (von warm nach kalt).

Im Landschaftsfoto wirken sich Höhenlage und Horizontallinie besonders zwingend aus. Vor allem die Horizontlinie wird zum entscheidenden Bild- und Ordnungselement. Als Bildelement zerschneidet sie das gesamte Foto und entscheidet somit wesentlich über Aufbau und Spannung. Als Ordnungselement erlaubt sie dem Betrachter, die Gesamttiefe des Lichtbilds und eventuell den Abstand der Dinge voneinander abzuschätzen.

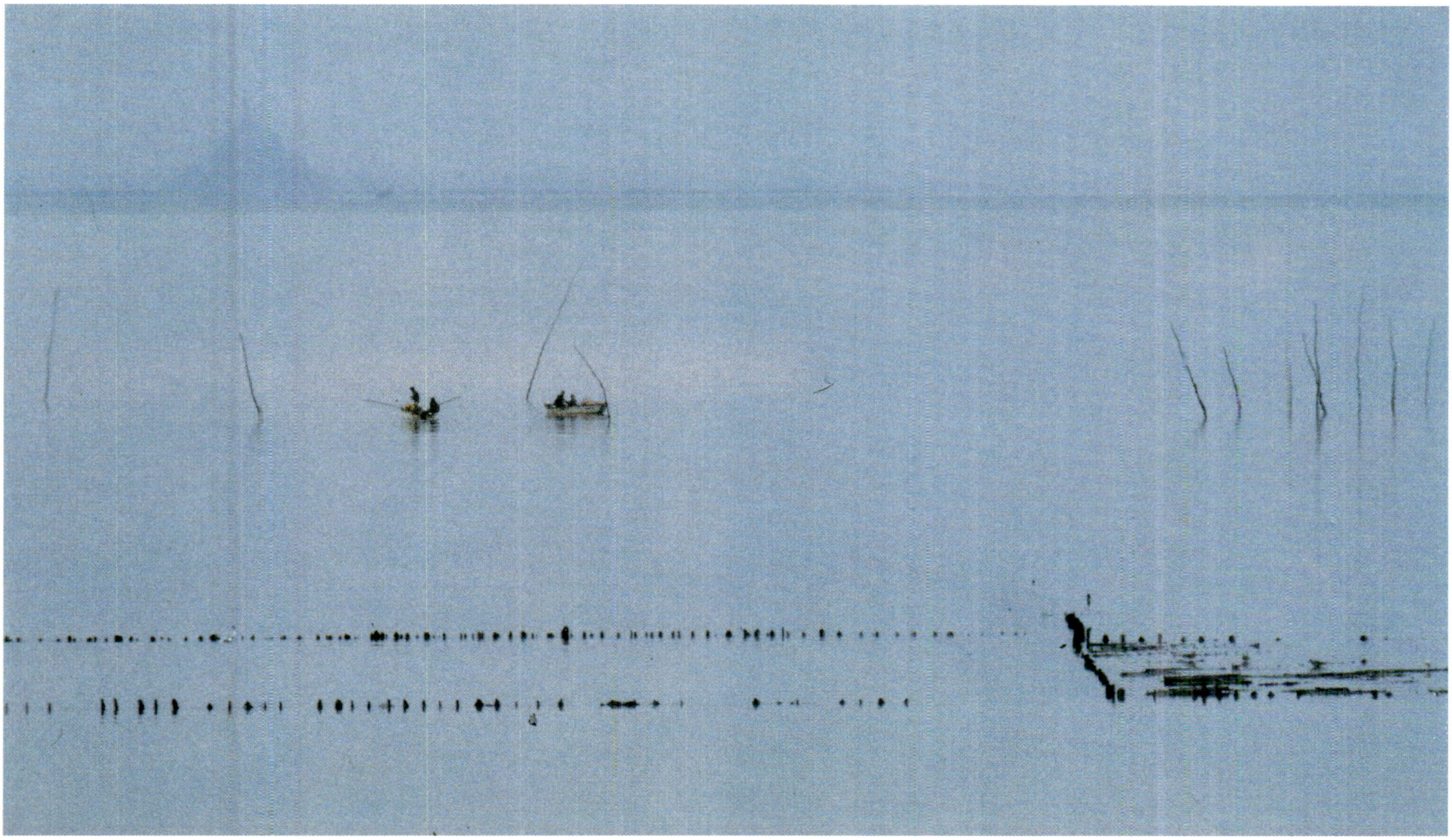

RAUMTIEFE
HORIZONTE ALS RAUMSCHAFFENDES ELEMENT

RAUMTIEFE

LICHT UND SCHATTEN SCHAFFEN RAUM

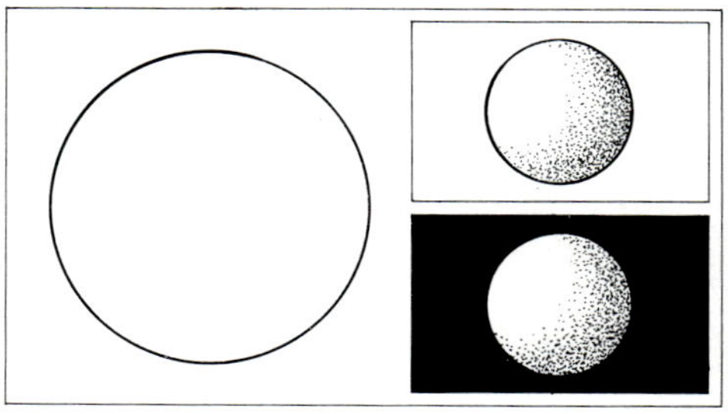

● Sehgesetzlichkeiten
Kreislinie, Scheibe, Halbkugel oder Kugel? Erst, wenn man Licht und Schatten hinzufügt, kann das Auge eindeutig entscheiden. Der Kreislinie und der Scheibe fehlt die plastische Fülle, die durch Licht geschaffen werden muß.

Die plastisch gezeichnete Kugel läßt auf weißem Grund den Raum ahnen. Der schwarze Grund verstärkt diese Ahnung. Sichtbar wird er erst, wenn die Kugel durch andere raumschaffende Faktoren wie Überschneidung, Größen- und Farbengefälle in Beziehung gesetzt wird zu anderen Körpern.

● Bildnerische Mittel
Raumschaffende Faktoren bei der Aufnahme »Herbstwald«:

○ Gliederung in zwei Bildzonen durch die Kontrastpaare Hell (als vorneliegend empfunden) und Dunkel (hintenliegend); Warm (auf den Betrachter zukommend) und Kalt (in die Tiefe fliehend); deutlich gefächert (lebendig-bewegt wirkend) und senkrecht gerichtet (statisch-fest erscheinend).

○ Eine gebogene »kalte« Linie (Waldweg), die als angedeutete Doppeldiagonale zwingende Raumwirkung besitzt. Zugrundeliegendes Sehgesetz: Jede Schrägheit, die als vom waagerecht-senkrechten Formgerüst (hier: Bäume) abweichend wahrgenommen werden kann, erzeugt optische Tiefe.

Bei der Aufnahme »Winterlandschaft«:

○ Gliederung in drei Bildgroßzonen. Das Lichtband unterteilt in ein »Davor« und ein »Dahinter«. Es wirkt als dominant gesetztes Bildelement doppelt wahrnehmungsauslösend: erstens als Linie, zweitens als »Punkt« (Kapelle). Seine kontrastierende Erscheinung kommt dem hierarchischen Sehen entgegen: Es erzwingt Aufmerksamkeit und schafft Spannung. Da es die Bildfläche waagerecht und senkrecht im Goldenen Schnitt gliedert, wirkt es gleichzeitig als Ordnungsfaktor im Sinne der Einfachheit und des Gleichgewichts.

● Technische Mittel
Beide Aufnahmen wurden aus leicht erhöhter Position mit dem 400-mm-Novoflexobjektiv auf Agfachrome 50 belichtet.

SCHLAGSCHATTEN ERZEUGEN ILLUSION DES RAUMES

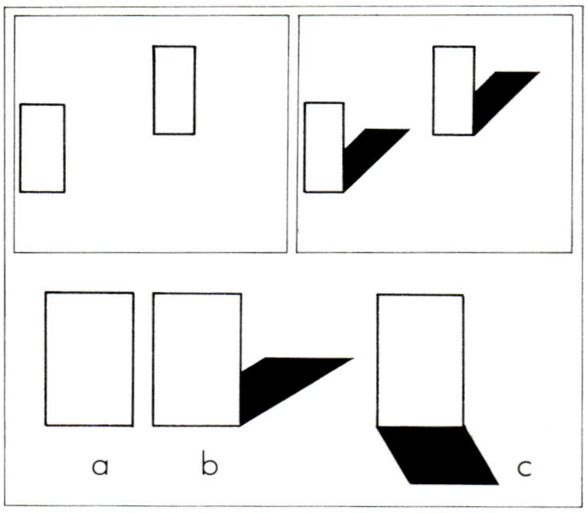

● Sehgesetzlichkeiten
Linear gezeichnete Rechtecke, liegend oder stehend? Scheiben, hängend – in derselben oder in verschiedenen Raumebenen? Auch hier bringt erst das hinzugefügte Licht Klärung. Es handelt sich um hintereinanderstehende Scheiben. Ihre Schlagschatten verdeutlichen es.

Schatten treten als Eigenschatten und als Schlagschatten in Erscheinung. Eigenschatten besitzen kein ausgeprägtes Selbst. Sie beeinflussen deshalb die Wahrnehmung kaum. Schlagschatten dagegen können eine Mächtigkeit annehmen, die sie bildbeherrschend werden läßt.

Die wahrnehmungsauslösende Wirkung des Schlagschattens beruht auf einer Summe außergewöhnlicher Merkmale: Er erzeugt geheimnisvolle oder erschreckende Dunkelheit. Er verdoppelt die Dinge und überlagert sie, ohne sie zu verdecken. Er erzeugt magischen Raum um die Dinge, die ihn aussenden.

● Bildnerische Mittel
Ob ein Objekt Schatten wirft und in welcher Richtung und Länge es Schatten wirft, hängt vom Einfallswinkel der Lichtquelle ab. Bei direktem Auflicht (= Vorderlicht) wirft eine Scheibe (a) keinen Schatten. Sie ist außerstande, wahrnehmbaren Raum um sich herum zu schaffen. Bei Seitenlicht (b) entsteht deutlich wahrnehmbare Dreidimensionalität. Es ist ein brauchbares bildnerisches Mittel, sowohl die Illusion des Raumes als auch die Oberflächenbeschaffen-

heit der Dinge in der Fläche wiederzugeben (Fotos der linken Buchseite).

Durch seitliche Beleuchtung können eindrucksvolle, jedoch selten ungewöhnliche Raumlösungen zustande kommen.

Gegenlicht ist die optimale Beleuchtung, um Raum in der Fläche sichtbar zu machen. Die Schlagschatten nehmen eine perspektivisch wirkende Dimension an, und die Lichtpartien modellieren und strukturieren die Landschaft in idealer Weise. Alle drei Fotos zeichnen sich neben dem Hell-Dunkel-Kontrast durch die klare Trennung in Figur und Grund und durch die Einfachheit des Bildaufbaus aus.

● Technische Mittel

Fotografiert wurde mit einem Zoomobjektiv 85–240 mm aus dem über die Hütten schwebenden Sessellift. Zeit: später Nachmittag. Die Bildbeispiele deuten an, daß für Fotos, in denen Raum durch Licht-Schatten-Kontrast erzeugt werden soll, die beste Zeit dann ist, wenn die Sonne tief steht: am frühen Morgen und am späten Nachmittag.

RAUMTIEFE
DIREKTES GEGENLICHT

Licht strahlt aus der Tiefe und dringt in die Tiefe. Es überflutet die Dinge und durchflutet den Raum.

Licht gebiert Schatten. Auch er liegt über und zwischen den Dingen und schafft seinerseits Raum.

Die Fülle der Licht- und Schattenunterschiede, die Polarität zwischen erregender Helle und beruhigendem Dunkel lassen eine große Spannweite gestalterischer Möglichkeiten zu. Einmal dominiert der Schatten, einmal das Licht. Das Wechselspiel ist unausschöpflich.

Seine größte Kraft entfaltet das Licht als direktes Gegenlicht. Dann strahlt und überstrahlt es, bildet Sterne, Reflexe und Funken, schafft Raum durch hellgebündelte Linien und schmalleuchtende Konturen.

Fotografisch einfangen läßt sich die Kraft und Vielfalt am besten mit extremen Weitwinkelobjektiven (linkes Foto: 27 mm; rechtes: 17 mm) bei kleinstmöglicher Blendenöffnung. Man vergesse jedoch bei intensivem Gegenlicht nicht, gegenüber den gemessenen Werten um ein bis zwei Werte überzubelichten!

RAUMTIEFE
VERFORMUNGEN UND KONTRASTE BILDEN RAUM

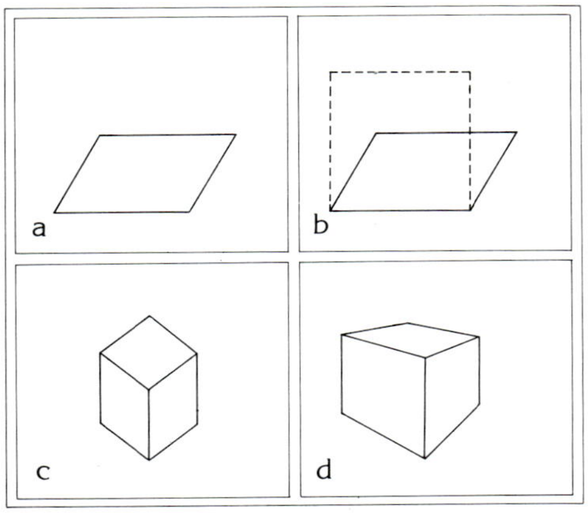

Die Landschaft und das Leben in der Landschaft weisen drei Dimensionen auf, deren fotografische Abbildung nur zwei. Die Illusion der Tiefe muß auf der Fläche mit bildnerischen Mitteln übertragen werden.

Die am häufigsten gebrauchte, nicht nur das »Hintereinanderliegen« der Dinge, sondern den gesamten Tiefenraum erfassende Sehweise ist die der Zentralperspektive. Ihre speziellen Merkmale werden in »Stadtlandschaften« am anschaulichsten.

Das Wort Perspektive geht auf das lateinische »perspicere« zurück und bedeutet soviel wie »mit dem Blick durchdringen; deutlich sehen, darstellen«. Die bekannteste Erscheinung dieser Art der Darstellung ist das scheinbare Zusammenlaufen von in Wirklichkeit parallelen Linien, die sich – wie die Strukturzeichnung des »Venedig«-Fotos zeigt (S. 134) – in Augenhöhe des Betrachters auf der Horizontlinie treffen. Weitere Kennzeichen sind die nach hinten kontinuierlich fortschreitende Verkürzung und Größenabnahme.

- Sehgesetzlichkeiten

Eine Farbscheibe (a) in der Form eines Parallelogramms zeigt die Tendenz, nach hinten zu kippen. Sie wirkt als Verformung und wird als Abweichung des einfachen Quadrats (b) wahrgenommen.

Verformung ruft Raumeindruck hervor. Den isometrisch gezeichneten Würfel in Abb. c als flächiges Sechseck zu sehen, macht Mühe. Die Tiefenwirkung der Schrägen setzt sich durch. Intensives Raumgefühl entsteht, wenn der Würfel zentral perspektivisch dargestellt wird (d), denn die Verformung ist ausgeprägter.

● <u>Bildnerische Mittel</u>

Verformung ist das wichtigste bildnerische Mittel, um die dritte Dimension des Raumes in der Fläche darzustellen. <u>Schrägheit</u> führt als elementarste Art der Verformung (im fotografischen Sprachgebrauch »Verzeichnung« genannt) zur zwingendsten und zugleich realistischsten Tiefenwahrnehmung.

Der Grad der Verformung kann vom Fotografen durch die Wahl des Kamerastandpunkts und des Objektivs gesteuert werden. Im Foto »Markusplatz Venedig« wurde »hautnah« und tief an die Laterne herangegangen. Das führte neben der für die Zentralperspektive typischen <u>Konvergenz</u> (Aufeinanderzulaufen) der Linien und Verengung der Flächen zu einer Übersteigerung der Größenverhältnisse. Um den Raumeindruck zusätzlich zu steigern, fiel die Wahl auf ein 17-mm-Fischaugenobjektiv. Das hat bildnerisch eine weitere Verformung zur Folge: Sämtliche Dinge werden sphärisch verzerrt! Zusätzlich raumbildend wurden die »warmfarbigen« Lichter vordergrundbeherrschend eingesetzt.

Daß zwingende Raumillusion auch mittels Teleobjektiv darstellbar ist, beweist die Aufnahme »Dubrovnik«. Fotografiert wurde mit einem Zoomobjektiv (85–240 mm), diesmal von erhöhtem Kamerastandpunkt. Das Aufflammen der Lichter kam durch kurze, schnelle Veränderung der Brennweite im letzten Moment der relativ langen Belichtungszeit von 1/2 s zustande. Die Kamera lag wegen Verwacklungsgefahr auf der Stadtmauer auf.

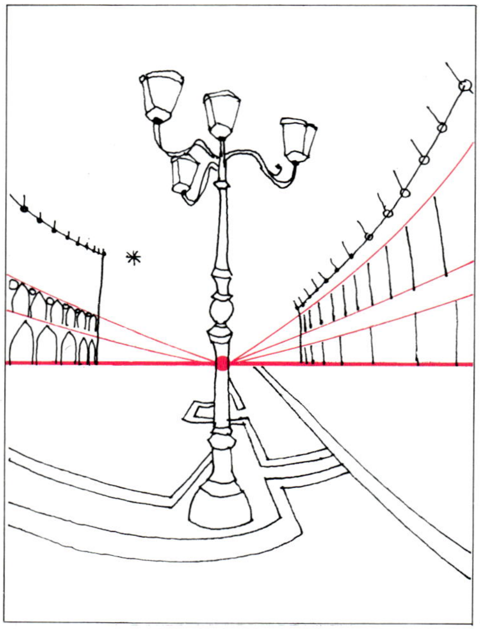

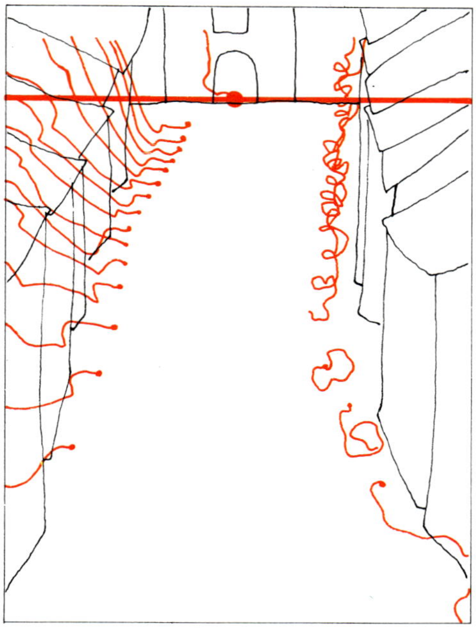

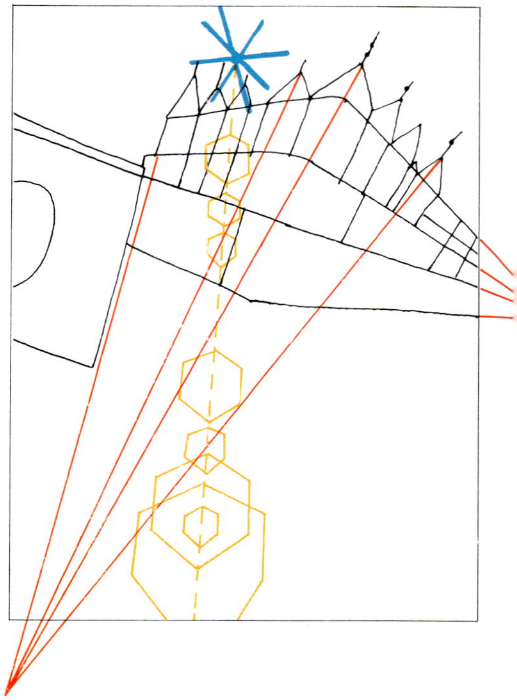

RAUMTIEFE

GEFÄLLE ZWINGEN DAS AUGE ZU RÄUMLICHEM SEHEN

Das Foto »Dubrovnik« müßte als Teleaufnahme weniger Bilddynamik besitzen als das Foto »Venedig«. Das Gegenteil trifft zu. Das hat drei Gründe:

- Der Fluchtpunkt des Venedigfotos ist fast identisch mit dem Bildmittelpunkt. Dies bewirkt wahrnehmungsgesetzlich Ruhe (s. S. 94). Der Brennpunkt der Perspektive in »Dubrovnik« liegt über der Bildmitte, was nach den Gesetzen der Wahrnehmung Spannung zur Folge haben muß.
- Das dominierende Blau in »Venedig« strahlt beruhigend auf die Psyche aus; die vorherrschenden Ockertöne signalisieren Leben.
- Linien sind, bildnerisch betrachtet, Ausdruck der Bewegung (s.S. 140). Die Linien bei »Venedig« bleiben eingebunden in die Fläche, die bei »Dubrovnik« flammen dynamisch auf.

In der flammenhaft ausgeprägten Form der Linien und ihrer jähen Verdichtung sowie der Hochlage des Fluchtpunkts liegt die dynamische Raumwirkung des Fotos »Dubrovnik«.

Die Zentralperspektive ist eine Erfindung der Künstler der Renaissance. Einer der ihren, der Architekt Palladio, bemerkte, man müsse den Fluchtpunkt in die Mitte rücken, wenn man einem Bild »maestà e grandezza« verleihen wolle. Ein wenig davon klingt im Foto »Venedig« an.

Daraus folgt, daß die Spannung proportional mit der Entfernung des Fluchtpunktes aus der Bildmitte wächst. Im Foto »Loireschloß« (17-mm-Weitwinkel, Blende 22) wandert er – und mit ihm das betrachtende Auge! – aus dem Bild hinaus. Folge: Die Fläche »explodiert«. Linien und Farben »sprengen den Rahmen«. Ein zweiter, durch Schräghaltung der Kamera bedingter Fluchtpunkt schafft weitere unruhevolle Widersprüche. Sie aufzufangen, d. h. all die gegensätzlich wirkenden, in unterschiedlichen Richtungen und Winkeln aufeinandertreffenden Kräfte ins Gleichgewicht zu bringen, verlangt ein künstlerisch geschultes Auge. Im Foto »Loireschloß« hält die Sonnen-»Lichtachse« allen übrigen Kräften die Waage.

Schrägheit erzeugt optische Tiefe. Sie tut es, weil sie als Gefälle wirkt. Der Begriff Gefälle wird für jede Wahrnehmungseinheit gebraucht, die kontinuierlich anwächst oder abnimmt.

In der Zentralperspektive wirken mehrere Gefälle in derselben Richtung. Damit tritt die Reizsummenregel (s. auch S. 23) in Erscheinung. Sie besagt, daß die Übersteigerung von Einzelmerkmalen zu einer Intensivierung des Eindrucks führt. Dies erklärt die zwingende Raumwirkung perspektivischer Darstellungen. Folgende Wahrnehmungseinheiten werden als Gefälle wirksam:

- Linien »stürzen« in Richtung Fluchtpunkt.
- Linien verdichten sich kontinuierlich.
- Flächen verengen sich.
- Größenverhältnisse verändern sich.

Besonders eindrucksvoll wird dies bei Verwendung von Objektiven mit sehr kurzen Brennweiten. Sie erzeugen ein extrem ausgeprägtes Gefälle zwischen Vorder- und Hintergrund.

SANDWICH-LANDSCHAFTEN

EINE MÖGLICHKEIT, DIE PERSPEKTIVE UMZUKEHREN

Kinder, »Primitive«, altorientalische und buddhistische Kulturen sowie Maler und Bildhauer des Mittelalters kannten die Zentralperspektive nicht. Die überwiegende Zahl der Künstler unseres Jahrhunderts lehnt sie bewußt als schöpferische Einengung ab.

Kinder und »Primitive« sind, wenn sie etwas räumlich zeichnen wollen, nicht mit der sich zufällig aus ihrem Standpunkt ergebenden Perspektive zufrieden. Sie gehen vielmehr in Gedanken um die Dinge herum und stellen sie durch Drehen und Kippen so einfach, klar und vollständig wie möglich dar. Das führt zu einer Wiedergabe der Wirklichkeit, wo nicht nach der Richtigkeit des momentanen Eindrucks, sondern nach Wichtigkeit, Empfindung und Ausdruck proportioniert wird. Diese Art der Darstellung wird auch als Bedeutungsperspektive bezeichnet, denn sie bildet die Dinge nicht in ihrer optisch richtigen Erscheinung im Raum ab, sondern gleichsam im Maßstab ihrer geistigen Bedeutung. Sie ermöglicht im Vergleich zur konstruktiv festgelegten Zentralperspektive völlige Freiheit kreativer Gestaltung.

Da das Kameraauge gewissermaßen zentralperspektivisch »sieht«, werden seine Möglichkeiten zwangsläufig immer enger sein als die der malenden Hand. Ein Weg, der Einengung zu entfliehen, bietet sich in der sogenannten Sandwich-Technik. Sie ist technisch problemlos (man glast einfach zwei Dias zusammen ein), setzt bildnerisch jedoch Erfahrung und Fingerspitzengefühl voraus.

All dies ist: Toscana. Und doch sind die verschiedenen Eindrücke, so wie sie sich unserem schweifenden Auge einprägen mögen, wenn das Auge teils hierhin, teils dorthin springt in flackernder Schaulust, beim besten Willen nicht in einem Bilde zu versammeln. Was konzentriertes Aufzählen allemal vermag, was auch der malenden Hand wie selbstverständlich gelingt, nämlich das Auseinanderliegende, das an verschiedenen Orten Bemerkte zusammenzubringen, »synoptisch« in eins zu sehen – das eben ist dem Fotografen klar verwehrt. Er kann in jeder Aufnahme nur einen Wirklichkeitsaspekt erfassen, und was sich ihm darbietet auf mehrere Blicke – zum Beispiel: hier der schweinehütende Bub, dort in der Ferne das Gehöft und, nochmals weiterschwenkend über die Fluchten der Hügel, die blauschwarz in den Himmel zackende Zypressenreihe –, das bleibt ihm geschieden in mehrere Bilder, er kann da nichts komprimieren: jedes Panorama stellt sich ihm, von Aufnahme zu Aufnahme, in Zerstückelung dar. Zumindest gilt dies, solange er fotografiert. Später allerdings, und hier nun kommt unser erwähnter Sandwich-Kniff ins Spiel, kann der Fotograf sehr wohl anhand der fertigen Dias eine »Zusammenschau« inszenieren…

Man kann – ähnlich dem Maler, welcher sich zugunsten der Wirkung in souveränem Eigensinn über die »Stimmigkeit« seiner Perspektive hinwegsetzt – eine Normalaufnahme keck über eine Tele-Aufnahme »sandwichen«, was im Doppeldia hinter Glas und Rahmen eine wundersam verkehrte Welt entstehen läßt.
Ruprecht Skasa-Weiß
zu Sandwich-Aufnahmen des Autors

LANDSCHAFTEN AUS STREIFEN UND FLÄCHEN
LINIE UND FLÄCHE ALS GESTALTUNGS-MITTEL

Die Perspektiven sind zum Gähnen.
Paul Klee

Die bewußte Lossagung der modernen Maler von der Perspektive führte zur Neuentdeckung der grundlegenden bildnerischen Mittel Punkt, Linie und Farbfläche. Man erkannte wieder, daß diese Mittel allein durch die ihnen innewohnenden »Kräfte« (s. S. 88) den räumlichen Aufbau (und die künstlerische Qualität überhaupt) der Bildfläche bestimmen können. An Stelle der perspektivischen Ordnung traten rhythmisch gesetzte, parallel verlaufende und/oder sich gegenseitig durchdringende Farbflächen, die allein aufgrund der wechselseitigen Beziehungen Raum bilden.

Ein halbes Jahrhundert später fanden die Entdeckungen der Maler Eingang in die Landschaftsfotografie: als sogenannte Musterlandschaften oder Streifenlandschaften. Ihre »Erkennungsmelodie« besteht aus rhythmisch gegliederten, harmonisch ausgewogenen Bildmustern – aufgebaut mit farblich differenzierten Streifen und Flächen unterschiedlicher Ausdehnung und Richtung. Zur Erkennungsmelodie zählen weiterhin Einfachheit der Komposition sowie Einfachheit deren Elemente. Flächen bilden das Gerüst, den Takt;

Linien, welche imaginär zwischen den Flächen wirken oder direkt als Weg, Fluß, Lichtsaum oder Horizont in Erscheinung treten, den rhythmischen Ablauf der Bildmelodie. Visuelle Anrufungspunkte wie Bäume, Hütten, Boote sorgen für notwendige Spannung. Streifenlandschaften gelingen am leichtesten mit langen Brennweiten bei erhöhtem Standpunkt.

BILDER DER STILLE

DIE WAAGERECHTE LINIE STRAHLT RUHE AUS

Die bildnerischen Mittel Punkt, Linie, Fläche und Farbe sind Träger von Kräften und haben somit immer eine bestimmte Bedeutung.

Der Punkt markiert einen Ort. Er fixiert das Auge. Er ist Träger der Bedeutung Ruhe. Wandert der Punkt, so entsteht die Linie. Sie zwingt das Auge zur Ortsveränderung. Sie drückt Bewegung aus. Je nach Verlauf und Richtungslage ist die Bewegung mehr statischer oder mehr dynamischer Art.

Die Waagerechte verkörpert unter allen möglichen Linien Passivität, Stille, Entspannung. Je tiefer sie innerhalb des Bildrahmens verläuft, um so ausgeprägter zeigt sich dieser Eindruck.

Unser Zeitalter ist nicht ideal, aber unter den seltenen neuen Eigenschaften des Menschen muß man die wachsende Fähigkeit zu schätzen wissen: einen Klang in der Stille zu hören.
Wassily Kandinsky

STADTLANDSCHAFTEN

DIE SENKRECHTE LINIE SYMBOLISIERT AUFWÄRTS-BEWEGUNG UND AKTIVITÄT

Den größtmöglichen Richtungsunterschied zur waagerechten Linie stellt die Vertikale dar. Aus diesem äußeren Gegensatz muß ihr »innerer« zwangsläufig folgen: Strahlt die Waagerechte Ruhe aus, so verkörpert die Senkrechte Aktivität. »Erzählt« die Horizontale von Beschaulichkeit und Gleichmaß, so »artikuliert« die Senkrechte Spannkraft und Entschlossenheit.

Die Weite von Land und Meer wird von horizontalen Richtungslagen bestimmt; in der Nähe dagegen dominieren vertikale Bewegungen. Auf Straßen und Plätzen beherrschen letztere das Geschehen. Senkrechte Linien sind somit das angemessene Gestaltungsmittel, um »Stadtlandschaften« fotografisch überzeugend darzustellen.

Wo Linie ist, ist Bewegung. Wo Bewegung ist, ist Richtung. Durch kein anderes bildnerisches Mittel läßt sich der ungehemmte Aufwärtsdrang von Türmen, Hochhäusern, Kathedralen überzeugender sichtbar machen als mit vertikalen Linien.

Parallelität der Linienführung verstärkt den Bewegungseindruck. Sie kann fotografisch erzeugt bzw. verdichtet werden, indem man die Kamera bei relativ langer Belichtungszeit während des Auslösens nach oben bewegt (»Kathedrale« 1/8 s/17-mm-Fischauge). Der »Tower« in London wurde mit einem Zoomobjektiv zunächst – bei 240-mm-Einstellung – kurz belichtet. Dann erfolgte eine schnelle Veränderung der Brennweite auf 85 mm mit nochmaliger kurzer Belichtungszeit.

DIE SCHRÄGE LINIE IST AUSDRUCK DES DYNAMISCHEN

Die waagerechte Linie strahlt Ruhe aus. Die Senkrechte symbolisiert Aktivität. Und die Schräge?

Sie kippt. Sie ist ständig im Fallen begriffen, was ihr dynamischen Charakter verleiht. Sie versetzt in Unruhe. Sie sprengt den Rahmen und kann ein Foto zum »Explodieren« bringen. Sie ist Ausdruck bildnerischer Dynamik.

Wer stille Bilder bevorzugt, vermeidet sie. Wer ein Höchstmaß an visueller Spannung liebt, setzt sie bewußt ein (s. S. 98).

Technische Daten des Fotos »Blaue Moschee«: Fischaugenobjektiv 17 mm. Blende 16; 1/8 s. Kamera während des Auslösens in senkrechter Richtung bewegt.

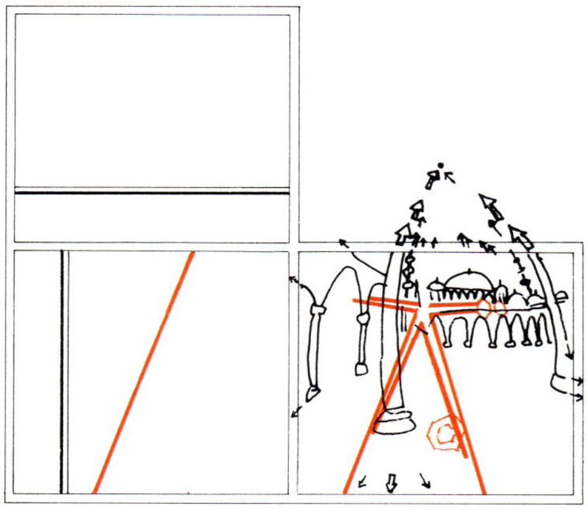

BILDKLÄNGE AUS PUNKT, LINIE UND FLÄCHE

Es ist – analog zur Musik – in der Malerei üblich, von Tönen und Klängen zu sprechen. Wir übernehmen die Begriffe von dort für die Fotografie.

Wassily Kandinsky bezeichnet den Punkt in der Welt der Malerei als ein »selbständiges Wesen«, das »in gewissen Fällen der Zusammenstellung mit der Grundfläche ein ausreichendes Ausdrucksmittel sein« kann. Der einfachste und knappste Fall wäre nach Kandinsky der Punkt im Zentrum der Grundfläche, die ein Quadrat ist: »Das Zurückdrängen der Grundflächenwirkung erreicht hier die maximale Stärke ... Der Zweiklang – Punkt, Fläche – nimmt den Charakter eines Einklangs an ... So stellt dieser Fall das Urbild des malerischen Ausdrucks dar.«

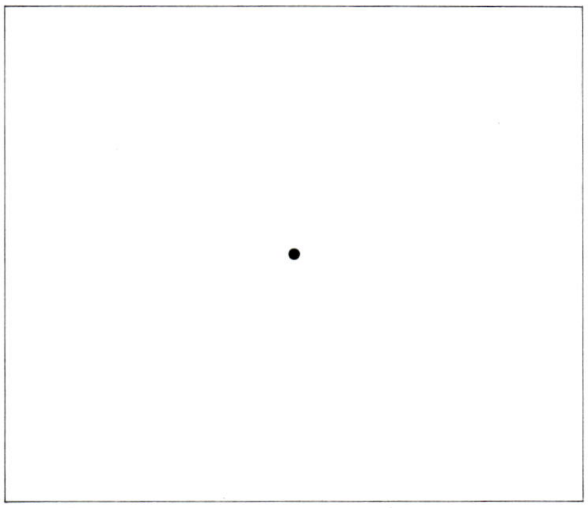

Dasselbe trifft auf fotografische Bilder zu. Unter Punkt wäre allerdings nicht nur ein abstraktes Gebilde von äußerster Kleinheit zu verstehen, sondern alle Formen, welche innerhalb einer Komposition als Punkt wirken.

In dem Augenblick der Verschiebung des Punktes aus dem Zentrum der Grundfläche – azentraler Aufbau – wird der Doppelklang hörbar:
1. absoluter Klang des Punktes,
2. Klang der gegebenen Stelle der Grundfläche.
So läßt sich leicht vorstellen, welcher Sturm von Klängen bei immer weiterer Häufung von Punkten auf der Fläche sich entwickelt.
Jede Form hat einen Inhalt (inneren Klang). Es gibt keine Form, wie überhaupt nichts in der Welt, was nichts sagt ... Alles hat eine geheime Seele, die öfter schweigt als spricht ... auch jeder ruhende und jeder bewegte Punkt (Linie) ...
Die heutigen Künstler zerlegen rücksichtslos die eigenen Mittel bis an die letzte Grenze und prüfen diese Mittel unbewußt oder bewußt auf der inneren Waage.
Wassily Kandinsky

Der Punkt ist richtungslos: bildnerischer Ausdruck der Ruhe. Wird er durch eine innere oder äußere Kraft aus seiner Ruhe gebracht, so entsteht die Linie als Ausdruck der Bewegung – augenscheinlich im Bilde eines Flugzeugs, das Kondensstreifen hinter sich herzieht, oder im Linienspiel von Laserstrahlen, welche in den nächtlichen Himmel geschossen werden. Setzt man Punkte und Linien in Beziehung zu Flächen, ergibt sich – selbst innerhalb einer begrenzten Motivgruppe – eine Fülle kompositorischer Möglichkeiten.

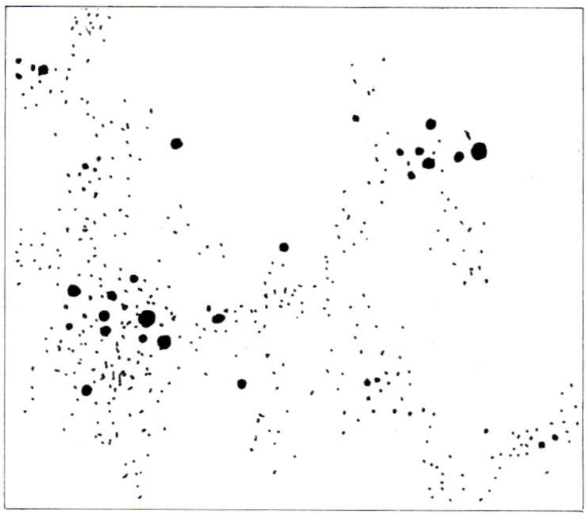

1

2

3

STADTLANDSCHAFTEN
VON DER FASZINATION FARBIGEN LICHTS

Das Wort Photographie ist eine Schöpfung des 19. Jahrhunderts aus grch. phós (Gen. photós) = Licht und grch. gráphein = schreiben, aufzeichnen. Es bedeutet, wörtlich übersetzt, soviel wie »Lichtschreibkunst«.

Nirgendwo läßt sich überzeugender »mit Licht schreiben« als in Dämmerung und Nacht der Stadtlandschaften.

Bei Tag ist alles geformt und durchgezeichnet, auch die Schatten. Der Fotograf erlebt, sofern er nicht unmittelbar in die Sonne hält, das Licht indirekt: im Widerschein der Dinge. Dämmerung verwischt Details. Formen sprechen als Kontur und Silhouette. Lichter flammen auf, wirken direkt, entfalten eigenes Leben: als Punkt, Stern und bewegte Linie.

Die Nacht schluckt alle Dinglichkeit. Künstliche Lichtque len entwickeln Leucht- und Strahlkraft vor schwarzem Grund oder zeichnen abstrakte Muster in die Nacht. Die bildnerischen Mittel Punkt, Linie und Farbe treten rein in Erscheinung.

Bei »Nachtaufnahmen« wird durch die Summe der fotografischen Möglichkeiten ein weites Feld des Experimentierens eröffnet. Die angegebenen Belichtungszeiten sind geschätzt; die Kamera lag fest auf (Mauer, Stativ); die Blende war immer voll geöffnet. Foto 1: Kamera 1 s ruhig. Dann zweimal ruckweise seitwärts, dann, wie Lichtspuren zeigen, bewegt. Foto 2: 1/4 s; im letzten Moment kurze Auf- und Abbewegung. Foto 3: 5 s ruhig, dann auf und

4

5

6

7

ab. Foto 4: 3 s ruhig; dann Brennweite des Zoomobjektivs kontinuierlich von 85 auf 210 mm verändert. Foto 5: Wie bei 4, jedoch während der Zoombewegung auch Kameragehäuse bewegt. Foto 6: 10 s ruhig, dann ruckweise gezoomt. Foto 7: Kamera lag 5 s auf Armaturenbrett des fahrenden Autos und schrieb das Lichtgeschehen der nächtlichen Straße nieder.

BÄUME

SCHÖNHEIT DER NATUR UND ÄSTHETISCHES EMPFINDEN

*Eines Tages kam ich in ein kleines Dorf.
Ein steinalter Greis von neunzig Jahren pflanzte einen Mandelbaum. »He, Großväterchen«, sage ich ihm, »du pflanzt einen Mandelbaum?«
Er, in seiner gebückten Stellung, wandte sich zu mir um und sagte: »Ich, mein Sohn, handle so, als wäre ich unsterblich!«
Nikos Kazantzakis*

BÄUME
DEN NATÜRLICHEN SCHÖPFUNGSWEGEN NACHGEHEN

Bildende Künstler setzten sich schon immer bevorzugt mit der belebten Natur auseinander. Auch auf Fotografierende übt das Naturschöne einen starken ästhetischen Reiz aus: Landschaften stellen die häufigsten Motive dar, Landschaftsbilder finden die höchste Einschätzung in deutschen Wohnzimmern. Landschaftsmotive mit Bäumen genießen innerhalb dieser Gruppe noch einmal Vorrang.
Ein spekulativer Erklärungsversuch könnte so aussehen:

- Die Schöpfungen der Natur sind gekennzeichnet durch unauslotbare Vielfalt, Formenreichtum und Erfindungskraft.
- Es handelt sich nicht um eine Vielfalt beliebig vieler Formen, sondern um die Wiederkehr eines einheitlichen Baugedankens. Das Ordnungsprinzip ist leicht durchschaubar.
- Die Schöpfungen der Natur weisen ein hohes Maß an Präzision und Regelmäßigkeit der Struktur auf.
- Es handelt sich trotz Gleichmaß, Symmetrie und Wiederkehr nicht um gleichförmige, uniformierte, sondern um lebendige, organische, rhythmische Gebilde.
- Die Natur schafft einfache Grundpläne bei einer verschwenderischen Fülle von Variationen.
- Intakte Natur – und nur sie empfinden wir als schön – steht in innerem und äußerem, in biologischem und ästhetischem Gleichgewicht.

Kunstwerke (und zuweilen auch Fotos) sind Gleichnisse natürlicher Schöpfung. Fotografen, die unserem Auge Vielfalt, Ordnung, Regelmäßigkeit, Rhythmus, Einfachheit und Gleichgewicht abbilden, finden den größten Gefallen. Lichtbilder, die dies vollendet tun, können über das Glück des Schauens zur tieferen Erkenntnis der Welt beitragen. Fotos mit Bäumen sind offensichtlich dazu bevorzugt in der Lage.

Von Paul Klee sind tiefe Einsichten in das Verhältnis Natur – Kunst überliefert: *Lassen Sie die Schüler erleben, wie sich eine Knospe bildet, wie ein Baum wächst, wie sich ein Falter auftut, damit sie ebenso reich werden, ebenso beweglich, ebenso eigensinnig wie die große Natur. Gehen Sie den natürlichen Schöpfungswegen nach. Vielleicht werden Sie eines Tages selber Natur sein, bilden wie die Natur.*

Im letzten Satz vor allem steckt die Schlüsselerkenntnis: Nicht bilden nach der Natur (= einfach den Auslöser betätigen), sondern bilden wie die Natur (= so ablichten, daß im fotografischen Bild Schöpfungsprinzipien der Natur wie Rhythmus, Ordnung und Harmonie sichtbar werden).

Klee: *Die bildende Kunst beginnt niemals bei einer poetischen Stimmung oder Idee, sondern beim Bau einer oder mehrerer Figuren, bei der Zusammenstimmung einiger Farben und Tonwerte oder bei der Abwägung von Raumverhältnissen usw. Ob dann eine jener Ideen (poetischer Inhalt) hinzukommt…, sie kann es, doch sie muß es nicht.*

Daraus folgert: Fotografische Impressionen, empfindsame Fotos, bringt nicht zustande, wer besonders viel über Natur weiß, sondern wer besonders gut sieht und wer befähigt ist, das objektiv Gegebene der Natur in das subjektiv Gestaltete des Bildes umzusetzen. Dieses geistige Verarbeiten der Seheindrücke erfordert neben einem sensiblen Auge detailliertes Wissen um technische Möglichkeiten: Die zweite Aufnahme wurde mit 1/4 s belichtet, wobei die Kamera im letzten Moment eine Neun beschrieb. Die »impressionistische« Unschärfe des dritten Fotos entstand durch die extreme Brennweite (400 mm), während die traumhafte Wirkung der vierten Aufnahme auf partielles Bestreichen der Linse mit Vaseline zurückzuführen ist.

MOTIVBEREICH MENSCHEN

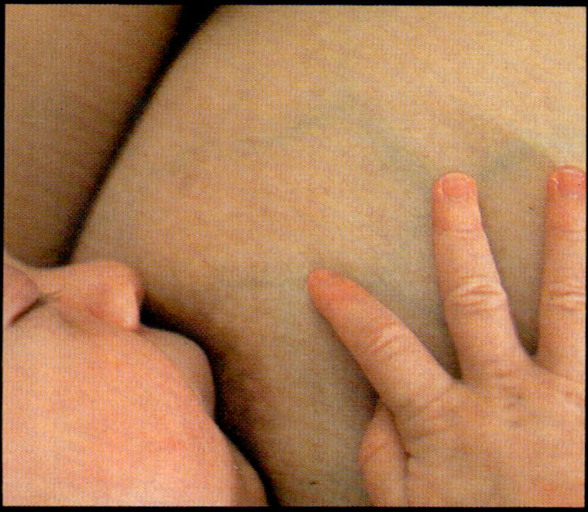

»Kennst du mich, gute Frau?« fragte ich sie.
Sie sah mich erstaunt an.
»Nein, mein Junge; ist es denn nötig, daß ich dich kenne, um dir etwas anzubieten?
Bist du nicht ein Mensch? Auch ich bin ein Mensch; genügt es nicht?«
Nikos Kazantzakis

DAS MENSCHLICHE PORTRÄT
TAKTGEFÜHL UND EINFÜHLUNGSVERMÖGEN

Das Wort Porträt, aus frz. pourtraire entlehnt, geht auf lat. protrahere (= »hervorziehen; ans Licht bringen«) zurück.

Was nun, so wäre zu fragen, soll »ans Licht gebracht« werden? Der Nackedei auf Bärenfell oder die geschändete Kreatur, blutig zerschossen mit brennenden Kleidern, vom professionellen Bildjournalismus jährlich prämiiert? Beide Extreme, so ist bekannt, sind aufgrund angeborener Auslösemechanismen (s. auch S. 20) erfolgversprechend.

Es sind tausend Möglichkeiten zwischen Sentimentalität und Brutalität angesiedelt. Welche der Fotograf wählt, ist eine Frage, die nur er selbst beantworten – und, in ihren Folgen, verantworten kann. Der Autor stellt sich auf die Seite derjenigen, die die Grenze des menschlichen Anstands und des Respekts vor der Intimsphäre des anderen lieber etwas zu weit als zu eng gezogen wissen wollen. Er ist der Meinung, daß es eine von Taktgefühl und ästhetischem Empfinden gezogene Hemmschwelle gibt, die zu überschreiten aus moralischen und künstlerischen Gründen unerlaubt sein sollte. Das gilt nicht nur für fremde, andersfühlende und andersdenkende Menschen, denen von Berufsfotografen und Amateuren zunehmend in oft schamloser Weise das »Gesicht genommen« wird. »Gestohlene Gesichter«, wie sie unser Fotofreund Hugo Schöttle nannte, sind keine Gesichter!

Auch durch Zurückhaltung, Unaufdringlichkeit und Einfühlungsgabe kann man ein (Licht-)Bild vom Menschen geben.

»Die Intensität, die Lebendigkeit des Gesichtsausdrucks steht demnach im Mittelpunkt unserer Bemühungen um das Live-Portrait«, schreibt Hugo Schöttle.

Das also soll ans »Licht gebracht werden«: lebendiges Menschenbildnis. Aus diesem Grunde spricht Schöttle auch vom Live-Portrait, hinter dem sich nichts anderes verstecke als der gute alte Schnappschuß. Und er fährt fort: »Das Live-Portrait, um das es uns geht, ist ein in Form und Farbe vollendetes Bild, zu dessen Entstehen der Fotograf einiges an gestalterischer Absicht und aufnahmetechnischem Können beigetragen hat.«

MENSCHENBILDNIS UND VISUELLES UMFELD

VON DER WICHTIGKEIT DES HINTERGRUNDS

Sehen erfolgt im Dienst der Lebensbewältigung. Es muß schnell und präzise erfolgen. Das Auge gliedert deshalb u. a. jedes visuelle Feld (= Motiv), ob in Wirklichkeit oder im Bild, in Figur und Grund. Nach welchen Sehgesetzlichkeiten dies erfolgt und welche Konsequenzen es für die fotografische Bildgestaltung beinhaltet, haben wir auf den Seiten 50 bis 67 beschrieben.

Wie störend es sich auswirkt, wenn man den Hintergrund nicht beachtet, merkt schon der Anfänger, wenn dem von ihm fotografierten Mädchen Äste und Telegrafenstangen aus den Locken sprießen.

Da im gestalteten Foto für die bildnerische (= künstlerische) Gesamtqualität der Grund dieselbe Bedeutung hat wie die Figur(en), ist es richtiger, anstelle des irreführenden Worts »Hintergrund« den Fachbegriff »visuelles Umfeld« zu setzen.

Ideale Umfelder im Sinne der Wahrnehmungspsychologie bieten sich in der Wirklichkeit selten. Man muß sie entweder aufsuchen und warten, bis sich fotogene Situationen ergeben, oder man muß die Figur(en) durch aufnahmetechnische »Tricks« vom Umfeld lösen.

Fast keine Probleme bringen Umfelder mit fehlender oder geringer Form- und Farbdifferenzierung wie Meer, Strand und Wiesen.

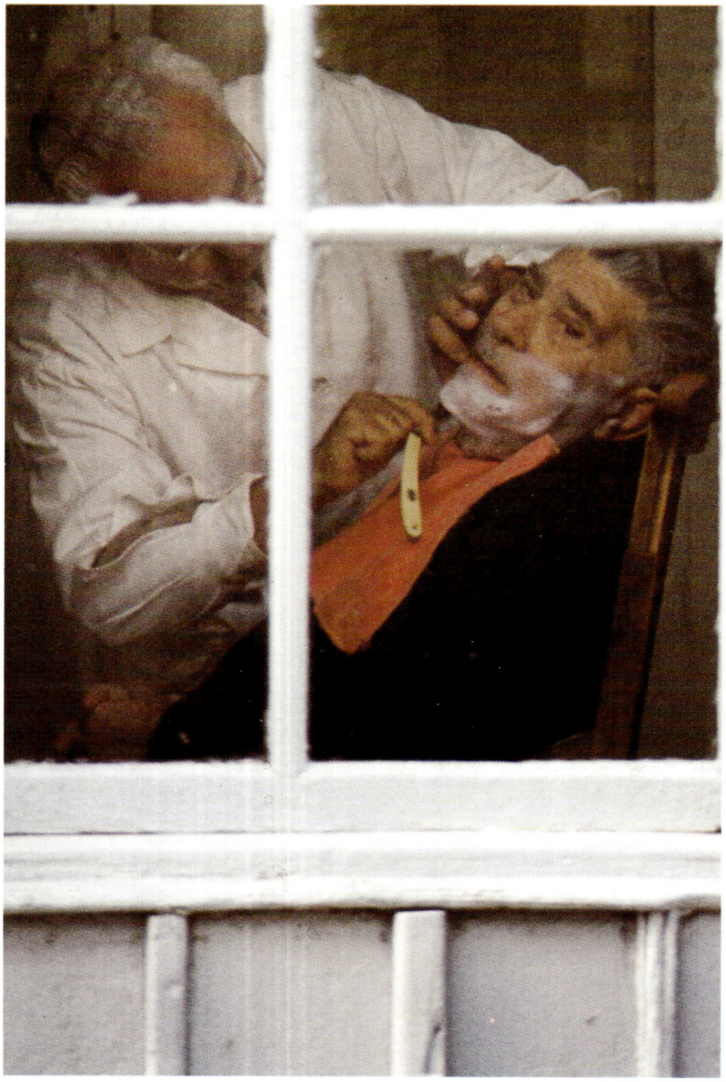

MENSCHENBILDNIS UND VISUELLES UMFELD

GESUCHTE HINTERGRÜNDE SOLLEN WIE NATÜRLICHE WIRKEN

Die Unterscheidung in Figur und Grund, in gemeintes Motiv und nichtgemeintes Umfeld, erfolgt nach dem Prinzip der Einfachheit, welches definiert ist durch das Grundgesetz der visuellen Wahrnehmung. Es besagt, daß das Auge jedes Motiv in die einfachste Struktur gliedert, welche unter den gegebenen Umständen möglich erscheint (s. auch Seiten 52, 57 und 67).

Wird diese Grundforderung in einem Foto nicht erfüllt, reagiert der Betrachter mit Unlust.

Wer Glück hat, den Barbier im richtigen Moment am richtigen Ort zu treffen, dem fällt das ideale Livefoto zu. Leider sind solche Zu-Fälle selten. In der Fotografie Erfahrene suchen sich als Ersatz ein fotogenes Umfeld und warten den richtigen Moment ab. Das Übrige ist Geduld und Gefühl für Bildkomposition.

Langbrennweitige Objektive helfen auch hier, die Situation wirklich live einzufangen.

MENSCHENBILDNIS UND VISUELLES UMFELD

DER TRICK MIT DER BLUME

Der »Trick« mit der Blume, der gar keiner ist, beruht auf der minimalen Schärfentiefe von Teleobjektiven bei geöffneter Blende (s. dazu S. 58).

Geht man mit einer langen Brennweite nahe an Blumen heran, so löst sich deren Form in mehr oder weniger transparente Farbflecken auf (Foto der Nonne).

Je nach Brennweite und Abstand läßt sich die Transparenz zum Weichzeichnereffekt (S. 198) steigern (Foto S. 163 oben rechts); weißes Blumenblatt, das 240-mm-Objektiv berührend.

Beim Bild S. 163 unten wurde auf dieselbe Art mit einem Blatt der wilden Rebe der gesamte, stark differenzierte Parkhintergrund zum monochromen Farbfoto-Umfeld verwandelt.

Gezielt lassen sich solche Aufnahmen nur mit Spiegelreflexkameras machen, in deren Sucher die gewünschte Bildwirkung genau kontrolliert werden kann.

»Blumentrick«-Effekte treten, wie das Foto »Feuerwehr« zeigt, unter den beschriebenen Voraussetzungen grundsätzlich auf. Der durchscheinend weiße Streifen stammt von einem Autodach. Typisch für diese Art der Vordergrundunschärfe sind auch »überstrahlende« Kanten; besonders deutlich sichtbar an der senkrechten roten Fläche.

MENSCHENBILDNIS UND VISUELLES UMFELD

DER RAHMEN KANN EBENSO BEDEUTEND SEIN WIE DIE PERSON

Wenn wir bisher vor allem Fotos kommentierten, die unscharfe, einfarbige oder in transparente Farbzonen aufgelöste Umfelder beinhalten, so hängt das mit der Absicht des Buches zusammen, bevorzugt weniger bekannte Bildlösungen zu zeigen.

Es bedeutet auf keinen Fall, daß nicht auch Fotos mit detailliertem und/oder scharfem Umfeld hohe Qualitäten haben könnten. Entscheidend wird immer die Aussage sein, die der Fotograf machen möchte. Sie fordert einmal das sachlich-undifferenzierte Umfeld (z. B. Bild S. 162 unten) oder das atmosphärisch-romantische (z. B. Fotos S. 163 oben rechts und unten) oder aber den gesamten Rahmen, der zum Verständnis der Situation des porträtierten Menschen notwendig ist.

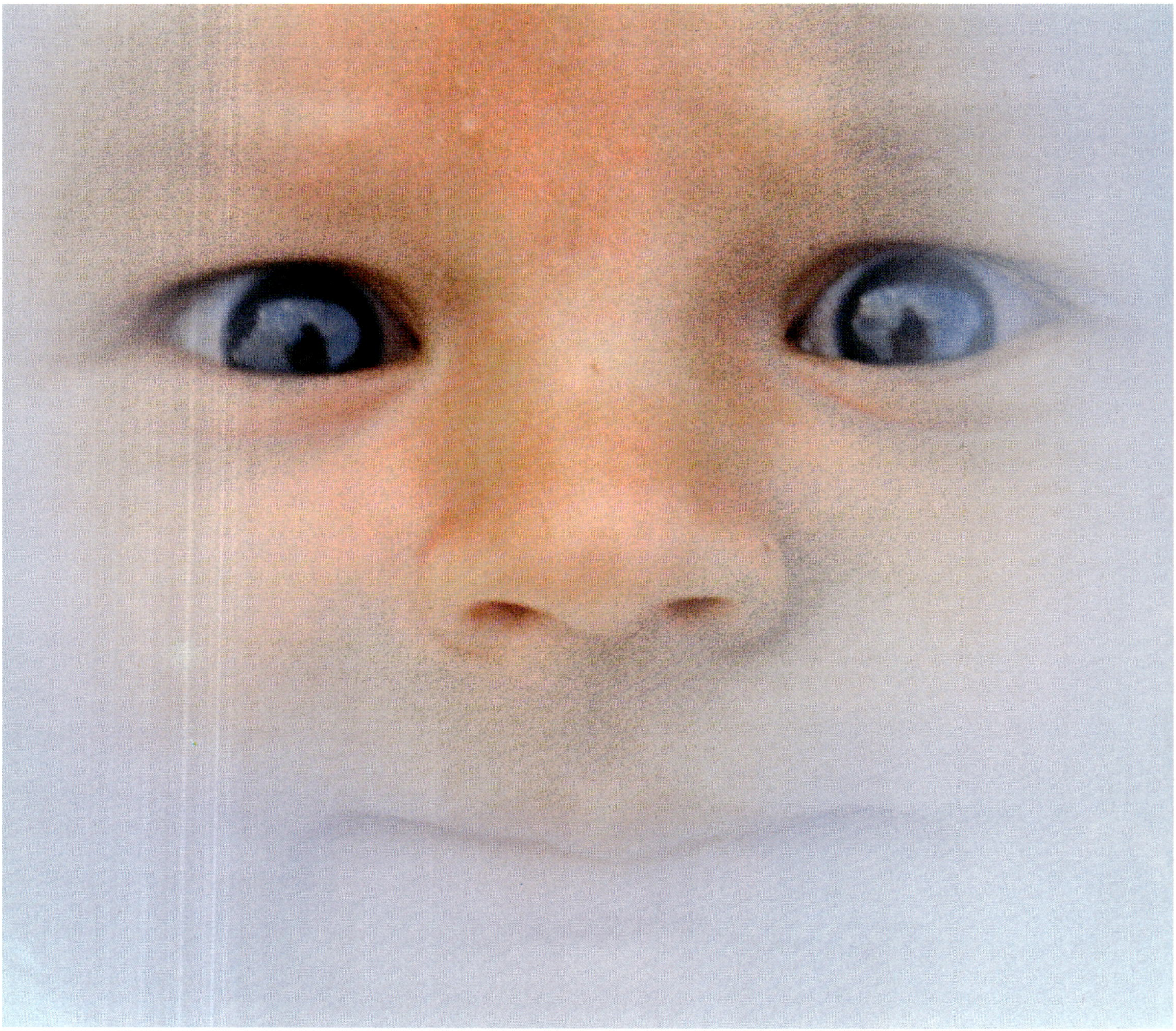

DAS KINDERPORTRÄT

AUGEN HABEN DEN CHARAKTER VON OPTISCHEN SIGNALEN

Der Mensch zählt zu den vorwiegend optisch orientierten Tagwesen. Sein wichtigstes Sinnesorgan ist deshalb das Auge. Es liefert dem Geist die weitaus größte Menge an Informationen über die Außenwelt. Auch die intimen wechselseitigen Kontakte zwischen Mutter und Kind oder zwischen Liebenden finden über die Augen statt. Direktes Anschauen kann magische Kräfte übertragen, heilend wirken, beunruhigen oder Aggressionen auslösen.

Daher überrascht es nicht, daß die Augen neben dem sogenannten »Kindchenschema« und sexuellen Attributen zu den artspezifischen Merkmalen zählen, die bei jedem Menschen Unruhe, Aufmerksamkeit, Neugier und Faszination bewirken. Da diese Reaktionen instinktiv ablaufen, spricht die Verhaltensforschung von angeborenen Auslösemechanismen (s. S. 20).

Gestaltpsychologische Untersuchungen ergaben, daß für den Menschen unter allen möglichen Formen runde Flecken mit zentralem Kontrastpunkt und konzentrischen Ringen, wie sie die Augen darstellen, am auffälligsten sind.

Diese intensive Doppelwirkung, die von den Augen ausgeht, wird in der Werbung millionenfach ge- und mißbraucht, um Waren anzupreisen und Menschen zu manipulieren. Im Werbejargon ist von »optischer Falle«, »Idealköder« und »eye-catcher« die Rede – durchweg negativ beladene Begriffe.

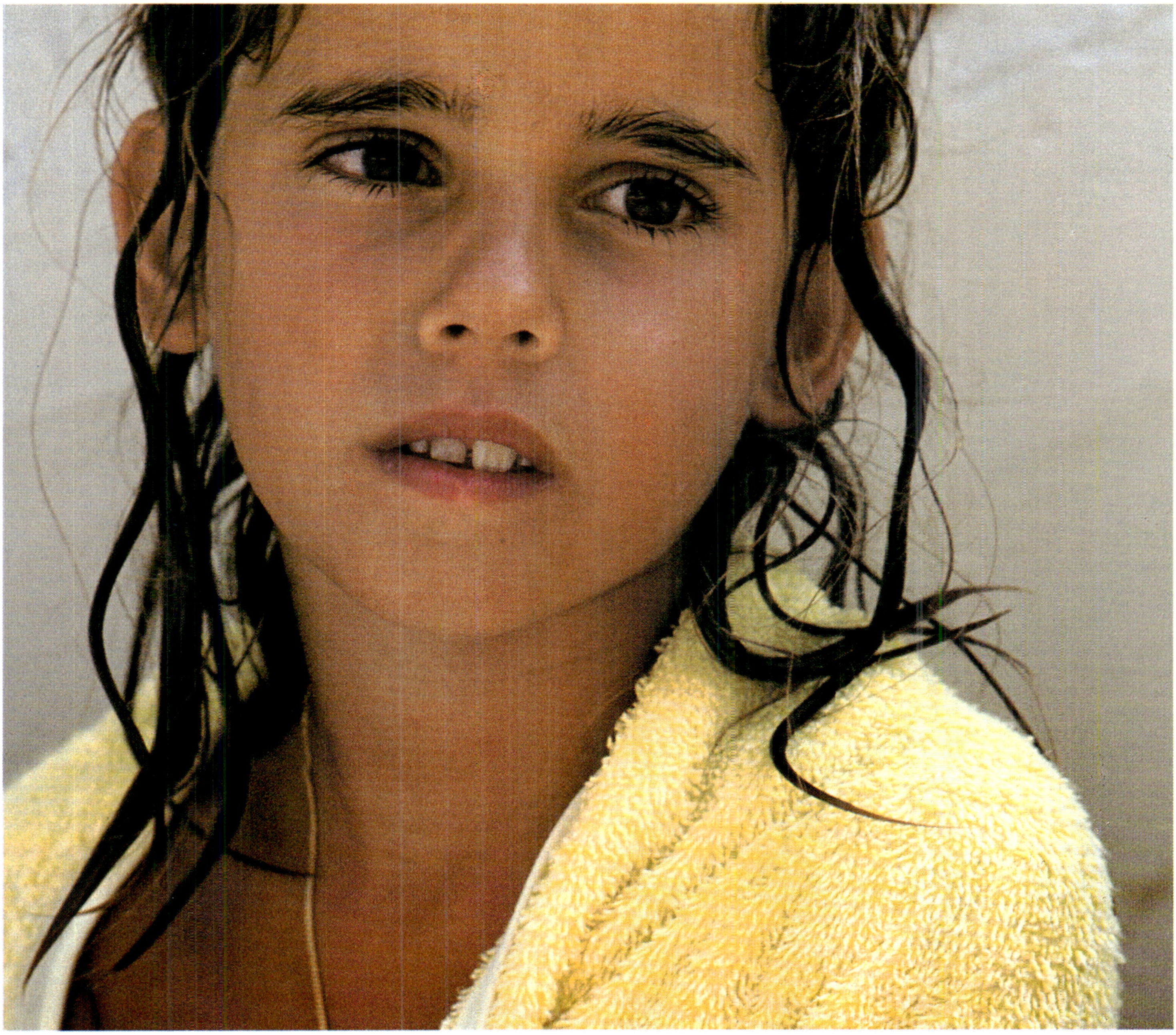

Positiv genommen – und in bezug auf Porträtfotografie betrachtet – kann daraus abgeleitet werden: Je bildbestimmender die Augen in einem Foto plaziert sind, um so eindringlicher ist die Wirkung, die dieses auslöst. Mit anderen Worten: Als um so schöner wird es empfunden.

EINE BILDSEQUENZ
KINDER LASSEN DRACHEN STEIGEN

Die Serie »Kinder lassen Drachen steigen« ist dem umfassenden Bereich der Bildsequenzen zuzuordnen. Sequenz (von lat. »Folge«) bedeutet ursprünglich sowohl »Wiederholung einer Tonfolge auf einer anderen Tonstufe« als auch »lückenlose Folge von Spielkarten«. Bildsequenzen, die der zweiten Bedeutung des Wortes nach in einer vorgegebenen Reihenfolge gelesen werden müssen, gibt es schon lange. Biblische Bildgeschichten in mittelalterlichen Büchern und Gotteshäusern gehören ebenso dazu wie Comics oder Wilhelm Buschs gezeichnete Fabulierkünste.

Sequenzen der ersten Gattung – im Sinne der Variation eines Themas – sind in den bildenden Künsten vielleicht noch häufiger. Fotografen haben die Technik von dort übernommen.

Während die fotografierte Bildergeschichte (ein Beispiel finden Sie auf S. 170/171) wie der Film einen Handlungsablauf in seiner natürlichen Folge zeigt, kann die Variationssequenz in beliebiger Reihenfolge betrachtet werden. Sie lebt nicht von der zeitlichen Weiterentwicklung, sondern vom lebendigen Wechsel der Einzelbilder.

Im Tableau gruppiert – wie auf dieser Doppelseite – gewinnt die Serie an künstlerischer Qualität, wenn man die Einzelbilder formal und farblich so anordnet, daß sie als organische Ganzheit wirken.

Fotografiert wurde die Sequenz vor »gesuchtem« Umfeld mit einem Varioobjektiv (85–240 mm) und einem 400-mm-Objektiv.

EINE BILDGESCHICHTE
DIE WEICHE WIRD GESTELLT

Die Bildstory »Die Weiche wird gestellt« ist eine echte Serie in der ursprünglichen Bedeutung des lateinischen Wortes series = »Reihenfolge, Verknüpfung, Zeitablauf«. Erzählt wird eine Geschichte mit festgelegter Abfolge. Anfang und Ende liegen fest. Das Einzelbild hat seinen eindeutigen Stellenwert. Es kann nicht – wie bei der Sequenz – beliebig ausgewechselt werden. Dies engt die Möglichkeit der Variation erheblich ein. Bildgeschichten sind deshalb generell schwieriger zu fotografieren als Bildsequenzen. Lebendigkeit erreicht man am ehesten, wie beim Film, durch wechselnden Standpunkt und effektvollen dramaturgischen »Schnitt«. Formale Einheit und künstlerische Gesamtqualität hängen auch hier entscheidend vom richtigen Umfeld ab.

Um die Bewegung des Bahnbediensteten und das Fallen der Schneeflocken sichtbar zu machen, wählte der Fotograf lange Belichtungszeiten (1/15 und 1/8 s).

Er fotografierte die Geschichte an einem naßkalten, trüb-grauen Wintertag. Gerade dieses »unmögliche« Wetter bewirkte die differenzierte, fein abgestufte Farbigkeit, wie sie auch für Regen-, Dunst- und Nebelfotos typisch ist. Hier erweist sich, daß ungünstige Witterungsverhältnisse oft die besten Voraussetzungen bieten für reizvolle Farbfotos.

RhB
Magazinwagen

RhB

FARBEN, FARBWIRKUNGEN UND FARBBEZIEHUNGEN

Für den Maler sind nur die Farben wahr. Ein Bild stellt zunächst nichts dar, soll zunächst nichts darstellen als Farben.
Paul Cézanne

Sind nicht Träume wie Töne und Töne wie Farben und Farben wie Musik? Ich liebe die Musik der Farben. – Mit- oder gegeneinander: Mann und Weib, Lust und Leid, Gottheit und Teufel.
Emil Nolde

FARBE MUSS MAN SINNENHAFT ERFAHREN **ZUM BEISPIEL GELB**

In seinem Buch »Kunst der Farbe« schreibt der Maler und Bauhauslehrer Johannes Itten: *Das urtümliche Wesen der Farbe ist ein traumhaftes Klingen, ist Musik gewordenes Licht. In dem Augenblick, da ich über Farbe nachdenke, Begriffe bilde, Sätze setze, zerfällt ihr Duft…*
Farben lösen in der menschlichen Seele Empfindungen wie warm und kalt, leicht und schwer, traurig und heiter aus. Diese Gefühlsdimension spricht Itten an. Man könnte davon ableiten, daß es für jeden kreativ Schaffenden, ob Maler oder Farbfotograf, vorrangig sei, differenzierte Empfindungen für die Wirkung der Farben zu entwickeln.

Was empfinden wir, wenn wir Gelb auf uns wirken lassen? Etwas Lichtes, Strahlend-Leuchtendes. Das Vorstellungsbild Sonne taucht auf. Gelb wirkt aktiv, macht heiter. Es regt an, ohne aufzuregen. Es spannt und löst zugleich. Liegt darin das Geheimnis, warum der Mensch Gelb für Fenster, Türen, Wände bevorzugt?

Im Farbkreis ist Gelb, das weder rote noch blaue Farbanteile hat, sowohl die hellste als auch die leuchtendste Farbe. Gesättigt kann es so beunruhigen, wie leicht sogar erregen. Als »Knallgelb« fängt es an zu schreien und eignet sich als Wamfarbe.

Wir sehen: Farbe läßt sich sprachlich nur unzulänglich fassen. Sie ist ein Kind der Empfindung – als solches jedoch Auslöser intensiver Gefühlsreaktionen und somit für den Farbfotografen als Gestaltungsmittel von höchster Bedeutung.

Gelb ist eine warme Farbe, bewegt sich auf den Betrachter zu, strahlt exzentrisch aus. Es steigert sich bei Aufhellung… In einer geometrischen Form eingesperrt, beunruhigt es, sticht, regt auf. Diese Eigenschaft kann gesteigert werden und klingt dann wie eine immer lauter geblasene Trompete oder ein Fanfarenton…
Es ist die Farbe der Verschwendung, der Sommerkräfte.
Wassily Kandinsky

ÜBER FARBE MUSS MAN BESCHEID WISSEN
ZUM BEISPIEL ROT

Gibt es, wenn Farbe ein Kind der Empfindung ist, für den bildenden Künstler (und den Farbfotografen) allgemein verbindliche Farbgesetze und Regeln, oder ist die ästhetische Beurteilung der Farben einzig subjektiver Meinung unterworfen? Johannes Ittens Antwort an seine Schüler lautete jedesmal gleich: »Wenn Sie, ohne zu wissen, Meisterwerke der Farbe schaffen können, so ist das Nicht-Wissen Ihr Weg! Wenn Sie aber aus Ihrem Nicht-Wissen keine Meisterwerke schaffen können, dann sollten Sie sich Wissen erarbeiten.«

Was empfinden wir bei Rot? Zunächst seine leuchtende Kraft. Dann Wärme und Mächtigkeit, Vorwärtsdrang und Dynamik. Bei Gelbrot verstärkt sich das Gefühl der Wärme (Feuer), bei Blaurot das der Macht (Kardinalspurpur).

Was wissen wir von Rot? Es löst, wie jeder Farbreiz, nicht nur psychische Vorgänge aus, sondern wirkt auch physiologisch: Verengung der Blutgefäße, Erhöhung des Pulsschlages, vermehrte Ausschüttung von Adrenalin. Rot stimuliert also Körper und Seele. Dies macht es zu einer Farbe, mit der sich bevorzugt dynamisches Geschehen einfangen läßt. Je gesättigter das Rot ist, desto intensiver entfaltet es seine erregende Wirkung auf das Auge.

Bei dem Foto des Schlitten fahrenden Jungen wurde die Dynamik durch den Zoomeffekt (S. 189) – eines der Mittel, um Bewegung sichtbar zu machen – zusätzlich gesteigert. Technische Daten: Zoomobjektiv 85–240 mm; 1/30 s.

Im Rot ist Brausen und Glühen, mehr in sich als nach außen, männliche Kraft. Helles, warmes Rot wirkt entschlossen, laut triumphierend wie Fanfaren; Zinnober ist wie gleichmäßig glühende Leidenschaft, Tubaton und starke Trommelschläge…
All diese Bezeichnungen sind nur Hinweise für Schwingungen, die mit Worten nicht zu beschreiben sind.
Wassily Kandinsky

FARBEN SIND GEHEIMNISVOLLE KRÄFTE
ZUM BEISPIEL BLAU

Wer sich der Wirkung des blauen Kreises unbefangen öffnet, kann es geradezu körperlich spüren: Blau ist wie Himmel, Wasser und Weite. Es beruhigt und weckt Empfindungen des sich Hinauslehnens in stille und tiefe Weiten des Raums. Rein und hochgesättigt, in großen Flächen erscheinend, wirkt es als Energiezentrum, das allein aus sich selbst – ohne kontrastierende Nachbarfarben – magisches Leuchten entfalten kann, den Glasfenstern mittelalterlicher Kathedralen gleich.

Blau ist eine kalte Farbe, entfernt sich vom Betrachter: in einem blauen Kreis versinkt das Auge in einer konzentrisch zurückweichenden Bewegung. Blau vertieft und steigert sich bei Verdunklung, ruft den Menschen ins Unendliche, in übersinnliche Tiefe und Ruhe...
Die Stufen des Blau sind ähnlich den Instrumenten Flöte, Cello, Baßgeige, Orgel.
Wassily Kandinsky

Blau versinnbildlicht wohl das, was wir Sehnsucht nach dem Wunderbaren nennen, ist die Farbe, die uns nach dem Grund ruft und doch so grundlos ist, vielleicht weil wir im Blau die tiefe seelische Hinweisung zu einer Welt spüren, die nicht irdisch ist, »Himmel« in seinem unendlichen, ernsten Klang, der mit dem »himmlischen« Hellblau des Himmels, den wir sehen, nichts zu tun hat, das nur eine Ahnung hervorrufen kann.
Eckart Heimendahl

Im Foto einer der blendend weiß gekalkten Kapellentürme der heiligen Insel Griechenlands, Tinos, wird versucht, diese Gedanken sichtbar zu machen.
Das tiefe Blau und die verschiedenen Blaustufen erzielt man wie folgt:

- Zwei gleiche Dias, beide leicht überbelichtet, Filmschicht auf Filmschicht und leicht seitlich verschoben, nach »Sandwich«-Art (S. 136 und 194) rahmen.
  Durch die Überlagerung verdoppelt sich das Blau, der Himmel sozusagen; durch die seitliche Verschiebung mischt sich das Weiß der Kapelle mit dem Blau des Himmels zu »Flöten- und Cellotönen«.
- Das gerahmte Sandwich im Diakopiergerät abfotografieren.

FARBE WILL LEUCHTEN
ZUM BEISPIEL GELB AUF SCHWARZ ODER SCHWARZ AUF GELB: DER HELL-DUNKEL-KONTRAST

Die Auffälligkeit eines gelben Kreises ist auf einem schwarzen Umfeld höher als auf einem gleich großen weißen. Das bedeutet:

- Ein Farbzeichen wird erst sichtbar, wenn zwischen ihm und seinem visuellen Umfeld ein deutlicher Farbunterschied (Kontrast) besteht. Gelb zeigt den größtmöglichen Helligkeitsunterschied zwischen einer reinen Farbe und dem unbunten Pol Schwarz. (Deshalb eignen sich gelb-schwarze Streifenmuster in Flug- und Straßenverkehr als optimale Warnsignale!) Aus demselben Grund entfaltet Gelb seine höchste Intensität auf Schwarz. Es vermag aufzuleuchten wie ein brennendes Licht. Farbfotografen können aus dieser Gesetzlichkeit generell ableiten: Wer kräftige Farben liebt, sollte sie auf

dunkle Umfelder setzen. Dort offenbaren sie ihren innewohnenden Licht- und Leuchtwillen. In der Farblehre spricht man dann vom Hell-Dunkel-Kontrast (S. 63). Beide Fotos stellen Sonderfälle dieses Kontrasts dar: Es kontrastieren nicht helle und dunkle Farben, sondern bunte Farben und unbuntes Schwarz.

- Farbwirklichkeit und Farbwirkung sind nicht dasselbe. In unserem Lehrbeispiel handelt es sich in Wirklichkeit beide Male um dasselbe Gelb (gleiche Farbpigmente); seine Wirkung jedoch ist grundverschieden! Während es auf Schwarz leuchtet, wirkt es auf Weiß gesättigt und gewichtig. Auf Weiß erscheint es mild und heiter, auf Schwarz dynamisch und aggressiv. Auf Schwarz wird es als hell und kühl empfunden, auf Weiß wirkt es dunkel und als »zarte, feine Wärme« (Itten). Es ruft in der Wahrnehmung eine minimale Rottendenz hervor, die es in Wirklichkeit nicht besitzt. Dieser Rotanteil ist in unseren Bildbeispielen deutlich sichtbar.

FARBE WILL SICH VOLL ENTFALTEN
ZUM BEISPIEL ROT AUF WEISS ODER BLAU NEBEN WEISS: DER QUANTITÄTS-KONTRAST

Gelb, so stellten wir fest, wirkt auf Weiß satt, heiter und gewichtig. Vor allem ihr »Gewicht«, wonach Paul Klee die Helligkeit der Farben unterschied, kommt auf weißem Grund voll zur Geltung.

Die Ursache ist offenbar im Nichtvorhandensein anderer Farben und dem Helligkeitsabstand zu Weiß zu suchen. Wenn der sehr helle Gelbton wegen des geringen Kontrasts zu Weiß relativ wenig Farbgewicht aufweist, so um so mehr reines, hochgesättigtes Rot, Blau und Grün.

Unbeeinflußt entfaltet sich so z. B. Blau in verschiedenen Helligkeitsstufen auf und neben strahlendem Weiß apulischer Trullibauten, erblüht sattes Rot von Nelken auf gekalkter südländischer Hauswand.

Nach der Farbenlehre handelt es sich in beiden Bildbeispielen um eine Sonderform des Quantitätskontrasts: Nicht viel bunte Farbe kontrastiert mit wenig bunter Farbe, sondern wenig bunte Farbe mit viel unbuntem Weiß. Im Foto »Trulli« hält weniger intensives Blau einem Mehr an nicht so stark wirkendem Weiß die Waage und ergibt dadurch einen harmonischen Klang. Das Rot der Nelken dagegen erscheint so in die Minderheit gedrängt, daß eigentlich ein unausgewogener, disharmonischer Bildeindruck entstehen müßte. Daß dies nicht der Fall ist, liegt in der Tatsache begründet, daß eine Farbe, die sozusagen in Bedrängnis geraten ist, sich wehrt und relativ leuchtender wirkt, als wenn sie in harmonischer Menge vorhanden wäre (nach Itten).

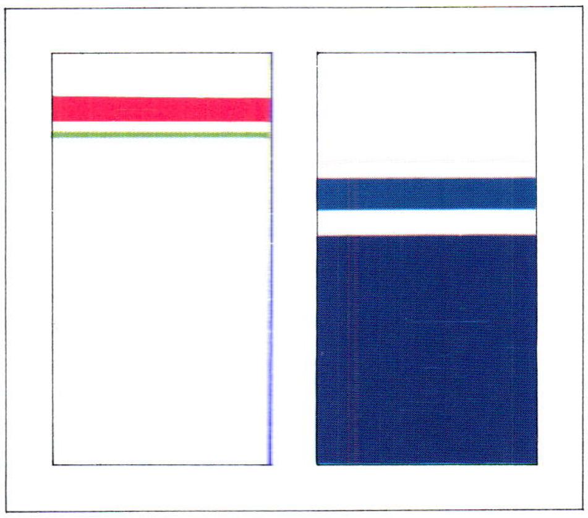

Im Weiß sind alle Farben verschwunden, es ist großes Schweigen, aber voll Möglichkeiten wie das Nichts vor der Geburt.
Schwarz ist das Nichts ohne Möglichkeiten, Abschluß für alle Zeiten. Jede andere Farbe klingt auf diesem Schweigen stärker.
Wassily Kandinsky

FARBEN STEIGERN
SICH GEGENSEITIG
**ZUM BEISPIEL
ROT UND GRÜN,
BLAU UND ORANGE,
GELB UND VIOLETT:
DER
KOMPLEMENTÄR-
KONTRAST**

Der <u>Farbkreis</u> nach Itten veranschaulicht, was van Gogh über »die großen Wahrheiten der Farbe« schrieb: »Es gibt in der Natur drei Elementarfarben, die nicht auf andere zurückgeführt werden können, die Primärfarben Gelb, Rot, Blau. Wenn sich jeweils zwei von ihnen mischen, entstehen die Sekundärfarben Orange, Grün, Violett Jede aus zwei Primärfarben gemischte Sekundärfarbe bildet mit der jeweils dritten Primärfarbe einen Kontrast, bei dem sich beide zur höchsten Intensität steigern; man nennt sie komplementär.«

<u>Komplementärfarben</u> bezeichnet man auch als <u>Gegenfarben</u>, weil sie – sofern nicht vom Maler oder Fotografen hinzugefügt – vom Auge von sich aus gefordert bzw. erzeugt werden. Diese Farbentotalität sei dem Auge »erfreulich«, meinte Goethe, denn sie komme seiner Natur entgegen. Und Adolf Hoelzel zieht daraus die Forderung, daß wir für die Harmonie den Wünschen des Auges zu folgen hätten: »Hierin liegt die Grundlage aller Farbenharmonie« (s. auch S. 86).

Goethe hielt die unterschiedliche Leuchtkraft nach Reinheit und Sättigung gleichwertiger Farben in einfachen Zahlenverhältnissen fest. Es verhalten sich:
Gelb : Orange : Rot : Grün : Blau : Violett wie 9:8:6:6:4:3. Demnach stünden in einem ausgeglichenen (= harmonischen) Flächenverhältnis

Gelb:Violett = 3:9 = 1:3
Orange:Blau = 4:8 = 1:2
Rot:Grün = 6:6 = 1:1.

Diese Werte treffen für das obere Foto, welches aus den Komplementärkontrasten Orange-Blau und Rot-Grün gefügt ist, annäherungsweise zu. Daß der Kontrast der Gegenfarben auch ganz anders Anwendung finden kann, verdeutlicht die untere Abbildung, wo Rot nicht harmonisch eingebettet wurde, sondern expressiv die Fläche »sprengt« (»überblüht« – entsprechend den gedanklichen Intentionen des Fotografen). Seine volle Leuchtkraft allerdings verdankt es der unmittelbaren Nachbarschaft seines Partners Grün!

DER KALT-WARM-KONTRAST
WIE MAN MIT GEGENFARBEN BEWEGUNG DARSTELLT

Die Wahrnehmung, sagten wir an anderer Stelle, steht im Dienst der Lebensbewältigung. Es kann demnach nicht verwundern, daß Bewegung und bewegte Formen in einem unbewegten Umfeld höchsten Aufmerksamkeitswert haben. Was wäre das bedrohte Tier in der Wildnis oder der Mensch im Gewühl des Großstadtverkehrs ohne diesen Mechanismus!

Bewegte Formen dominieren in der Regel über alle anderen optischen Reize. Schnelle Bewegung dominiert ihrerseits über langsamere.

Fotos sind Stehbilder; Bewegungsvorgänge im stehenden Bild wiederzugeben ist ein schwieriges Unterfangen.

Normalerweise wirkt etwas Fotografiertes erstarrt. Bewußter Einsatz der Linie (S. 98 und 140-144), wahrnehmungsfördernde Anwendung der Farbe (S. 148, 176 und 189) und Mitschwenken der Kamera (S. 60) sind die formalen Mittel, das Problem anzugehen.

Die beste Wirkung müßte somit zu erzielen sein, wenn man – wie in den Karussellbildern geschehen – mehrere Mittel zugleich anwendet.

Verlauf und Charakter einer Bewegung werden durch unterschiedliche Richtung und verschiedene Geschwindigkeiten bestimmt. Will ein Fotograf diese Charakteristika darstellen, so muß er die Mittel sinnvoll einsetzen:

- Das Kinderkarussell bewegte sich langsam im Kreis. Wiedergegeben ist diese Bewegung durch unterbrochene Linien (= langsam) mit waagerechter geradliniger Richtungstendenz und schwächerer »Verwischung«. Die Kamera wurde während des waagerechten Mitschwenkens mit der relativ langen Belichtungszeit von 1/8 s ausgelöst.
- Das Flugzeugkarussell beschrieb eine rasante spiralförmige Auf- und Abwärtsbewegung. Sichtbar wird dies durch ununterbrochene Linien (= schnell) mit diagonaler Richtungstendenz (= rasant, dynamisch) und ausgeprägtem »Verwischungseffekt«. Die Kamera wurde hier bogenförmig mitgezogen und mit relativ kurzer Belichtungszeit (1/30 s) ausgelöst.
- Den farblichen »Pfiff« erhielten die Fotos durch Anwendung des Kalt-Warm-Kontrasts. Er steigert – wie alle Farbkontraste – die Farben in ihrer wechselseitigen Wirkung: »Kaltes« Blau wirkt kühler, »warmes« Orange wärmer und dynamischer – was den Eindruck der Bewegung positiv verstärkt.

● Der Kalt-Warm-Kontrast wurde nicht in harmonischer Verteilung (S. 182), sondern in extremen Mengenverhältnissen eingesetzt, so daß zusätzlich der Qualitätskontrast voll zur Wirkung gelangt. Das hat zur Folge: Der Gestaltdruck, welcher von der in der Minorität stehenden Farbe ausgeht, wirkt sich voll aus. Das Auge pendelt ständig zwischen diesem Reizmittelpunkt und dem gegenfarbigen Umfeld hin und her; das Gestaltzentrum des Gehirns wird in erhöhten Reizzustand versetzt und suggeriert dem Auge Bewegung, wo eigentlich gar keine vorhanden ist.

Beide Fotos stellen treffende Bildbeispiele für die Reizsummenregel (S. 23) dar, unter der man in der Psychologie die Häufung und Übertreibung von Einzelreizen versteht, denen man sich bewußt nicht entziehen kann.

Der Kalt-Warm-Kontrast ermöglicht sehr malerische Wirkungen und erzeugt eine Atmosphäre von musikalisch klingendem, unwirklichem Charakter.
Johannes Itten

DER QUALITÄTS-KONTRAST
WIE MAN MIT ÄHNLICHEN FARBEN BEWEGUNG DARSTELLT

Warum der Qualitätskontrast (S. 63) auch als Sättigungskontrast oder Ton-in-Ton-Kontrast bezeichnet werden könnte, zeigt der erste Blick auf das Foto »Abendliche Straße«: Vielfältiges und fein differenziertes Hell- und Dunkelgrau, gebrochenes Rot, Gelb und Blau in verschiedenen Graden der Sättigung stehen auf stumpfem mittelgrauem Grund. Zarteste Töne können sich ungestört und nuancenreich nebeneinander entfalten: Ton neben Ton, Ton in Ton. Das weist auf die Mannigfaltigkeit der Bildlösungen hin, welche mittels des Qualitätskontrasts möglich sind. Seine Stärke liegt in seiner vornehmen Zurückhaltung. Er ist der Kontrast für Fotografen, die stille Bilder lieben. (Man betrachte daraufhin das Foto der nächsten Seite!) Besonders schön wird sichtbar, wie gesättigte Farben durch Beimischung von Grau unterschiedlich helle, jedoch immer trübere Farbtöne ergeben als die entsprechenden reinen Farben; ebenso, wie die unbunten Grautöne erst richtig inmitten bunter Farben zu vielfältigem Leben erwachen. Und genau diese Vielfalt des Lebens in der abendlich stillen Straße sollte zum Ausdruck gebracht werden – ins Bild gesetzt durch folgenden fotografischen »Trick«: Die Kamera (ruhig[!] auf der erhöhten Stadtmauer liegend) wurde mit 1/2 s ausgelöst und im letzten Moment der Belichtungszeit minimal nach der Seite bewegt. Das führte – bei absichtlicher Überbelichtung um einen Wert – zu Überlagerungen, Doppelkonturen und Wischeffekten, die neben differenzierten Farbtönen und nuancierten Farbtrübungen den Eindruck der Bewegung bewirkten.

DIE SUMME DER KONTRASTE

WIE MAN MIT ZOOMOBJEKTIVEN BEWEGUNG DARSTELLT

Das Foto »Licht der Kathedrale« stellt ein weiteres Beispiel der Reizsummenregel (S. 23 und 187) dar. Es zeigt exemplarisch, wie der Fotograf bildnerische Mittel wahrnehmungsfördernd einsetzen kann.

Stille Bildwirkungen entstehen durch einfachen Bildaufbau und/oder sparsame Farbwahl (S. 140 u. S. 96), monochrome Farbgebung (S. 118), dezente Kontrastwirkung (S. 182); dynamische durch Anwendung von Mitteln, welche gegenteilige Empfindungen auslösen (S. 98 u. S. 144). Im vorliegenden Lichtbild handelt es sich im einzelnen um den

- Farbe-an-sich-Kontrast: Er wirkt kraftvoll wie Orgelmusik;
- Hell-Dunkel-Kontrast: Er läßt die Farben aus der Tiefe des Raumes (Schwarz) strahlen und bringt sie zu höchster Leuchtkraft;
- Kalt-Warm-Kontrast: Rot- und Blautöne verstärken nebeneinander als Farben der Nähe und Ferne den Eindruck der Raumtiefe.

Das sichtbare Strömen des Lichts, seine »Bewegung« zum Betrachter hin, kam fototechnisch auf folgende Art zustande: Der Film wurde zunächst nach den Daten des Belichtungsmessers (Kamera auf Stativ) ca. 3 Sekunden belichtet, was zur scharfen Abbildung der Formen (Rosette und Fenster) führte. Im letzten Moment der Belichtungszeit erfolgte eine kontinuierliche Veränderung der Brennweite des Zoomobjektivs von 85 bis 240 mm. Dies bewirkte, daß die Formen unverwischt erhalten blieben, die farbigen Lichter jedoch sich zu Linien verdichteten.

ÜBER DIE VERFREMDUNG IN DER FOTOGRAFIE

...und wer mißtraut dem, was ihm vertraut ist? Damit all dies viel Gegebene ihm als ebensoviel Zweifelhaftes erscheinen könnte, müßte er jenen fremden Blick entwickeln, mit dem der große Galilei einen ins Pendeln gekommenen Kronleuchter betrachtete. Den verwunderten diese Schwingungen, als hätte er sie so nicht erwartet und verstünde es nicht so von ihnen, wodurch er dann auf die Gesetzmäßigkeiten kam. Diesen Blick, so schwierig wie produktiv, muß das Theater mit seinen Abbildungen des menschlichen Zusammenlebens provozieren. Es muß sein Publikum wundern machen, und dies geschieht vermittels einer Technik der Verfremdung!

DAS WESEN DER VERFREMDUNG
POSITIVER EFFEKT ODER EFFEKTHASCHEREI?

Wahrnehmung im Dienste der Lebensbewältigung zielt beim Menschen auf Wiedererkennen. Kann dies sofort erfolgen, findet keine nennenswerte Reaktion statt. Verläuft der Prozeß jedoch so, daß Unbekanntes, Unerwartetes, Fremdes ins Blickfeld rückt, wird der »Verfremdungseffekt« wirksam. Er löst im Bewußtsein höchste Aktivität aus, die so lange anhält, bis das Neue in den Erfahrungsschatz eingegliedert, kurz: verstanden ist.

Das positive Neugierverhalten (S. 30) kann allerdings sehr rasch ins Negative umschlagen; allgemein dann, wenn die Reizsituation so ungewöhnlich neu ist, daß sie unerträglich wirkt. In solchen Fällen kommt es zu Übersteuerung, die selbst sonst ausgeglichene Persönlichkeiten zu unverständlich aggressiven Äußerungen und Handlungen veranlaßt: Moderne Kunstwerke werden beschädigt, progressive Theatermacher mit Drohbriefen belästigt, anders denkende Menschen geschmäht und verfolgt.

Alle Fotos des Abschnitts »Über die Verfremdung in der Fotografie« (ebenso die auf S. 148/149) wollen auch unter diesem Aspekt gesehen werden.

Wann nun ist die Verfremdung angebracht? Und welche Verfahren eignen sich dazu? Sämtliche Verfahren sind legitim und tauglich, sofern sie die Bildaussage steigern; und sie sind es immer dann, wenn sie – wie Brecht es formuliert – den »Blick des Galilei« herausfordern.

Damit wäre gleichzeitig die Frage beantwortet, wann der Verfremdungseffekt, zur bloßen Effekthascherei herabgemindert, abzulehnen ist: Immer dann, wenn man Fotos durch irgendwelche Verfahren, weil möglich und gerade »in«, nachträglich auf »interessant« frisiert. »Konjunkturritter der Masche«, nennt Walter Boje solche Bildkünstler treffend.

Der Grat zwischen delikat-fotografischem Geschmack und modisch grobem Gehabe ist äußerst schmal. Von der Industrie in unübersehbarer Fülle angebotene Verfremdungsmittel, vom einfachen Farbfilter bis zur komplizierten Dunkelkammertechnik, verleiten zu unreflektierter Anwendung im negativem Sinne. Das Buch beschränkt sich auch deshalb auf wenige Mittel und Verfahren, die sich jedermann ohne großen finanziellen und technischen Aufwand zunutzemachen kann.

Außergewöhnliches Licht steigert außergewöhnliche Architektur. Ist also Farbverfremdung (hier: farbige Gelatinefilter, die man mittels Spezialhalterung auf das Objektiv schraubt) sinnvoll oder notwendig, der Grat schon überschritten?

Die Farbe als solche ist rätselhaft in den Empfindungen, die sie in uns erregt. So muß man sie auch auf rätselhafte Weise gebrauchen, wenn man sich ihrer bedient.
Paul Gauguin

DAS SANDWICH-FOTO **MIT MOND UND SONNE LÄSST SICH TREFFLICH ZAUBERN**

Mit nichts läßt sich phantasieerregender zaubern als mit zwei passend aufeinander abgestimmten Diapositiven.

Und niemand vermochte die Bildgedanken des Autors köstlicher in Worte zu setzen als Ruprecht Skasa-Weiß: *Die Lichtbild-Sandwiches sind das Vergnügen einiger weniger experimentierender Kamerakünstler, eine fotoästhetische Feinschmeckerei sozusagen, ein raffiniertes diatechnisches Gestaltungsmittel in den Händen bastelfroher Kreativknipser. Sandwichmontagen, mit einem Wort, sind foto-grafische Delikatessen, welche der kameratragenden Öffentlichkeit kaum recht bekannt sind, seltsamerweise.*
Im Grunde ist es eine Unbegreiflichkeit. Denn die Technik des Foto-Sandwichs scheint kaum schwieriger zu lernen als das Brotzusammenklappen: Auch Ihnen gelingen dabei, falls Sie's bis heute noch nicht versuchten, auf Anhieb ungemein reizvolle Sachen – zumindest aber sehr verblüffende, kuriose, aus denen Sie dann weiterlernen mögen. Denn so simpel-unerschöpflich das Dia-Kombinierverfahren vorerst scheint, so gehorcht diese Verdoppelungskunst doch höchst delikaten Gesetzen. Deren Beachtung empfiehlt sich.
Und warum empfiehlt sie sich? Die Antwort hierauf fällt leicht: einmal aus technischen, dann aber – und womöglich dringlicher noch – aus geschmacklichen Gründen. Kitsch und subtiler ästhetischer Reiz, motivklitternder Murks und schlagende Sinnfälligkeit liegen da buchstäblich hauchdünn beisammen: Soll nicht blanke Willkür obsiegen, so braucht der dia-montierende Sandwich-Mann einen klaren kompositorischen Plan, ein Gestaltungskonzept, eine Leitidee, welchen Effekt er wie warum erreichen will, mit welchen Bildüberlagerungen.
Ist somit erst einmal die Aufgabe fixiert, dann mag sich auch die fotoästhetische Lösung von ganz allein, mit Folgerichtigkeit ergeben.
Wie sich wohl denken läßt, sind die Kombinationsmöglichkeiten beim Dia-Zusammenlegen relativ unerschöpflich, der Trick mit der »Sand-

wicherei« läßt viele reizvolle, selbst surreal kühne Lösungen zu. So kann man etwa eine Abendsonnenaufnahme, nachdem man sie entsprechend stark herausvergrößert hat, als Riesenhimmelsrad auf ein normalmaßstäbliches Scheunenbild geben – mit dem Effekt, daß die Stimmung des so entstehenden Bildes sich jäh ins Phantastisch-Magische steigert.

Oder man kann – um die Visionen gotischer Kathedralenkünstler sinngemäß ins Bild zu setzen – die Kamera während der Belichtungszeit von 1/15 s senkrecht nach oben schwenken und das Dia dann mit einem zweiten, mondbewehrten wohlgefügt vereinen.

Bei Nacht finden die Kathedralen ihren erhabenen Ausdruck, so wie der Himmel in Sternennächten seine ganze Größe enthüllt.
Auguste Rodin

Natürlich läge es nun nahe anzumerken, es seien die genannten Montageverfahren – zu denen noch eine Vielzahl weiterer kommt – samt und sonders wirklichkeitsverändernd und insofern »manipulativ«. Indessen wäre diese Anmerkung die denkbar müßigste. Denn seit je gehört der Vorsatz, »subjektiv« zu sein, zu den nobelsten, legitimen Absichten jeder (künstlerisch orientierten) Fotografie. Nicht die simple Ablichtung der Wirklichkeit, sondern deren individuelle Ausdeutung erweist das Kameratalent – entscheidend ist die persönliche Sicht, die je eigene Interpretation. Ein gelungenes Sandwich ist niemals Zufallsprodukt – es will nicht erst im nachhinein am häuslichen Wohnzimmertisch konzipiert sein, sondern sofort, gleich mit der ersten Aufnahme »vor Ort«.
Wo jedes Farb- und Formdetail aus beiden Diapositiven so sehr zu einer bildnerischen Einheit verschmilzt, daß der Eindruck entsteht, es sei etwas perfekt-phantastisch Neugestaltetes entstanden – dort ist die Aufgabe in jedem Fall gelöst, geschmacksgerecht und fotografisch legitim. Wo gar der Eindruck wachgerufen wird, es sei das vorgestellte Zweifachdia kein Sandwich, sondern glaubhaft dicht ins Bild geholte »Natur« – dort triumphiert der feine Witz unseres ästhetischen Doppelbild-Tricks womöglich am allerbesten.
Ruprecht Skasa-Weiß

In den Fotos der griechischen Berge und des winterlichen Friedhofs wurde jeweils im Zwiefachdia »Natur vor Ort« ins Bild geholt, um »glaubhaft dicht das Auseinanderliegende synoptisch in eins zu sehen«; eben das zu tun, was – »dem Fotografen klar verwehrt« – im Grunde nur das dichterische Wort vermag. Die Kathedrale Notre-Dame de Paris zeigt »wirklichkeitsverändernd Neugestaltetes, individuelle Ausdeutung, die je eigene Interpretation«. (Das Spiegelbild in einem roten Autodach wurde mit dem »Vorspann« eines entwickelten Diafilms gesandwicht.)

Welt im Licht der arkadischen Berge, Welt über der Welt! Fluren von Licht, auf denen ich schritt. Ich begriff, was es sagen will: Wandeln im Licht.
Erhart Kästner

VERFREMDUNG ALS MITTEL ZUM ZWECK

HIGH-KEY, WEICHZEICHNUNG UND FALSCHFARBENFILM

Bert Brecht betont immer wieder die Notwendigkeit der »Verfremdung« für das Schauspiel. Denn nur sie – so Brecht – sichere, daß das Kunstwerk in einem tieferen Sinne wirksam werde. Brechts intuitive Erkenntnisse werden durch die Forschungsergebnisse der Wahrnehmungspsychologie bestätigt. Wie wir im ersten Teil des Buches darlegten, hängt die Aussagekraft e'nes Fotos außer von unbewußt wirkenden AAMs (angeborene Auslösemechanismen [S. 20 u. S. 101]) ganz unmittelbar davon ab, inwieweit es vom Alltäglichen abweicht. Anders gesagt: welchen Grad an Besonderheit, Andersartigkeit, Neuheit, kurz: »Verfremdung« es aufweist.

Das einfachste Mittel, ein Foto zu »verfremden«, ist die Über- bzw. Unterbelichtung. Wird ein Foto überbelichtet, spricht man vom high-key-Effekt. Typisch für high-key-Bilder sind ungesättigte zarte, verweißlicht-duftige Farbtöne. Man erzielt sie am besten, wie das Foto »Vogelkäfig« veranschaulicht, wenn sich die Figur bei diffusen Lichtverhältnissen (keine Schatten, kein Hell-Dunkel-Kontrast!) vor hellem, möglichst weißem Umfeld befindet.

Der high-key-Charakter wird durch Weichzeichnung verstärkt. Für »weich gezeichnete« Bilder kann man Spezialfilter kaufen, das Objektiv anhauchen (Foto »Vogelkäfig«) oder aber das Objektiv oder ein vorgeschraubtes Skylight-Filter partiell mit Vaseline bestreichen (Foto »Vorhang-Tür«). Wer ein paar Salzwasserspritzer auf seinem Objektiv nicht scheut, erzielt unter Umständen interessantere Ergebnisse; ebenso, wer mit Kunstlichtfilm bei Tageslicht fotografiert.

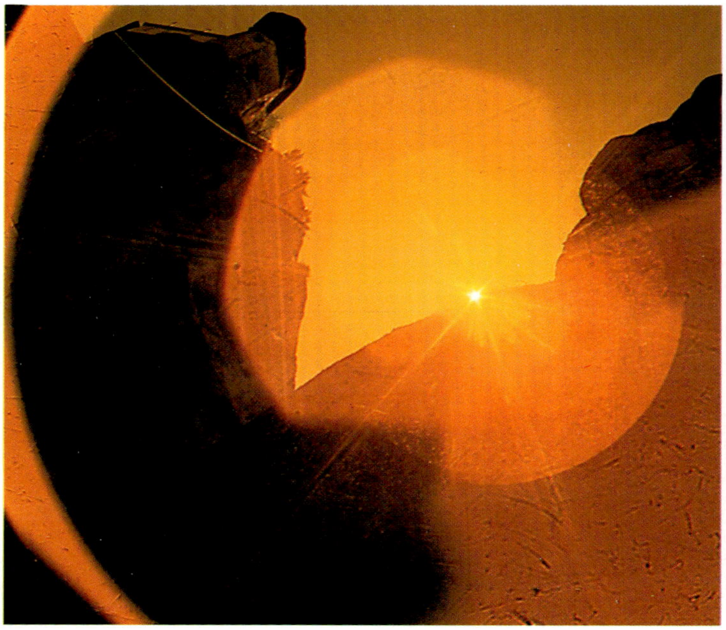

KREATIVITÄT MIT FILTERN? **DIE WERBUNG VERSPRICHT SIE**

»Sie werden sehen: Aufsehenerregende und druckreife Effekte können auch Sie mit unseren Filtern erreichen.« So der Hersteller von creative filters. »Haben Sie Mut zur Kreativität!«

Sie werden sehen: Kreativität ist etwas anderes als Filter vor Objektive setzen. Sie werden es das erste Mal sehen, wenn Ihre Effekte nicht gedruckt werden.

Jedoch: Wer wirklich kreative Bildeinfälle hat, kann mit Filtern sicher gelegentlich ein wenig zaubern. Diffraction filters zerlegen auf unterschiedliche Weise das Lichtspektrum wie in einem Prisma (oben links und rechts), multiple images vervielfältigen das Motiv (oben Mitte). Ein ganz einfaches Orangefilter vor einem Fisheye-Objektiv kann zu Ergebnissen führen wie in der zweiten Reihe links.

Ohne Filter wurde bei den übrigen Aufnahmen experimentiert: »Akropolis« im Scheinwerfer gespiegelt; »Surfer« unscharf eingestellt und überbelichtet; Kamera bei nächtlicher Autofahrt auf Armaturenbrett liegend.

LAVENDELFELD MIT FARBIGEM GELATINEFILTER AUFGENOMMEN

GLOSSAR

AAM
→ Auslösemechanismus

Antriebe
Summe aller »Bedürfnisse« oder »Motive«, die menschliches Verhalten bestimmen: von den »niedrigen« biologischen »Trieben« der Nahrungsaufnahme und Sexualbefriedigung bis zu den »höheren« Motiven nach sozialer Anerkennung und ästhetischem Genuß.

Ästhetik
»Lehre vom Schönen«; zurückgehend auf das griechische Wort »aistētikē«, das die »Wissenschaft vom sinnlich Wahrnehmbaren bzw. von der Sinneswahrnehmung« bezeichnet.

Auslösemechanismus
Das Verhalten der Tiere ist überwiegend »instinktiv« gesteuert: Ganz bestimmte Außenreize (= Reizmuster) führen immer zu denselben Reaktionen – auch wenn die Reizmuster vorher nie gelernt wurden. Solche Reizmuster, »Schlüsselreize« genannt, sprechen im Nervensystem der Tiere ebenso bestimmte »angeborene Auslösemechanismen« (AAMs) an, was »automatisch« zu sinnvollen (= arterhaltenden) Verhaltensabläufen führt.
Zahlreiche Untersuchungen erhellten, daß auch der Mensch vielfach nach denselben Verhaltensmustern reagiert. Somit spielen in der Fotografie AAMs eine wichtige Rolle. Erstens: Je näher das Dargestellte dem auslösenden Reiz kommt (und sei es auch nur im Detail wie auf S. 23), um so intensiver werden emotionale Bereiche angesprochen. Zweitens: Je besser das Darzustellende nach den künstlerischen Gesetzen von Einfachheit und Spannung, von Rhythmus und Gleichgewicht »ins Bild gesetzt« wird, um so mehr fördert es die Wahrnehmung. Mit anderen Worten: Es wird, weil auf den ganzen Menschen wirkend, auf Seele und Geist, als wertvoll (= schön) empfunden.

Bedeutungsperspektive
Bildnerische Darstellung, welche – im Gegensatz zur Zentralperspektive – die Dinge im Raum nicht nach deren Erscheinungstreue wiedergibt, sondern nach der Bedeutung, die sie für den Künstler besitzt.

Bewegungsunschärfe
→ Verwischungseffekt

bildnerische Mittel
Unter bildnerischen Mitteln versteht man in den bildenden Künsten die Elemente Punkt, Linie, Fläche, Farbe. In der Fotografie kommen hinzu: Schärfe/Unschärfe, Bewegungsunschärfe und Zoomeffekt.

Bildstruktur
→ Struktur

bit
Abkürzung von »binary digit« (= Zweierschritt). Bit wird in der Informationstheorie als Maßeinheit des Informationsgehalts benützt.

Blendenreflexe
Spiegelungen der Blende an den Linsenoberflächen innerhalb des Objektivs. Sie treten extrem bei direkten Gegenlichtaufnahmen mit Weitwinkelobjektiven – und hier wiederum äußerst stark bei geschlossener Blende – in Erscheinung.

Brennweite
Abstand des Brennpunktes eines Objektivs von dessen Linsenebene.

emotional
gefühlsmäßig, gefühlsbetont. Emotionales Verhalten ist eng mit AAMs verbunden.

Farbe, kalte und warme
Farben werden als »kühl«, »kalt« und »warm« empfunden. Kalt können vor allem Blau- und Blaugrüntöne, aber auch bestimmte Gelbtöne und reines Weiß wirken. Zu den warmen Farbtönen zählen vorwiegend Rottöne, die zum Rotviolett, Braun und Orange tendieren; ebenso Grüntöne mit Braunanteilen.

Farbkontraste
Wenn sich Farben in ihrer Wirkung deutlich unterscheiden, bilden sie Farbkontraste. So ergeben kalte und warme Farben, nebeneinandergesetzt, einen kraftvollen Farbklang, den Kalt-Warm-Kontrast. Besonders wirksam wird dieser, wenn eine Farbe (oder Farbgruppe) mengenmäßig überwiegt und die Gegenfarbe nur als Akzent beigefügt ist. Weitere wichtige Farbkontraste sind: Der Farbe-an-sich-Kontrast, der Hell-Dunkel-Kontrast und der Komplementärkontrast.

Farbperspektive
Warme und gesättigte Farben scheinen sich auf den Betrachter zuzubewegen, kalte und blasse sich von ihm zu entfernen. Deshalb werden Rot-, Orange- und Brauntöne als »Vordergrundfarben«, Blau- und Violettöne als »Hintergrundfarben« und die räumliche Wirkung, welche sie hervorrufen, als »Farbperspektive« bezeichnet.

Farbwirklichkeit
Die physikalisch-chemische Wirklichkeit der Farbe, die im menschlichen Auge und Gehirn z.B. als Rot oder Blau erkannt wird.

Farbwirkung
Die psycho-physische Wirkung, die z.B. Rot oder Blau, insbesondere im Zusammenhang mit Schwarz und Weiß sowie anderen Farben, im Bewußtsein auslöst.

Figur und Grund
→ Umfeld

Fisheye-Objektiv
Spezialobjektiv mit sehr großem Bildwinkel. Typisch für Fisheye-Aufnahmen ist, daß alle in Wirklichkeit geraden Linien, sofern sie nicht in der Bildmitte verlaufen, kontinuierlich zum Bildrand hin gekrümmt werden.

Fotografie, kreative
Terminus, der in diesem Buch identisch verwendet wird mit den Begriffen »ästhetische«, »künstlerisch orientierte«, »schöpferische« Fotografie. Da der Begriff Kreativität schwer faßbar ist, sei er hier verstanden als die Summe aller aufgeworfenen Fragen.

Fotosequenz
Mehrere Einzelbilder, welche im Gegensatz zur Fotoserie nicht chronologisch gesehen werden müssen. Die Fotosequenz beleuchtet ein Sujet von verschiedenen Gesichts- und Kamerastandpunkten, faßt zeitlich und räumlich auseinanderliegende Motive zusammen, fügt formal ähnliche oder polar gegensätzliche zu einer aussagekräftigen Einheit.

Fotoserie
Eine begrenzte Anzahl von Fotos, die eine »Geschichte« erzählen und deshalb, analog zum Film, chronologisch angeordnet sind.

Ganzfeld
Geschlossene, gleichmäßig beleuchtete Fläche ohne Oberflächenstruktur.

Gefälle, optisches
Die allmähliche Zu- oder Abnahme bestimmter Objekte im Raum. Beispiele aus der Fotografie: Telegrafenmasten, Baumreihen, Strandkörbe, Kieselstrände. Es gibt u.a. Gefälle der Formgröße, der Abstände zwischen Formen, der Farbe. Alle Gefälle wirken raumbildend; und zwar um so stärker, je regelmäßiger das Gefälle ist.

Gestaltdruck
Bildteile (= Gestaltelemente) innerhalb eines Fotos, welche auf das betrachtende Auge einen wahrnehmungsauslösenden »visuellen Druck« ausüben.

Gestaltgesetze
Die ererbten Gesetzmäßigkeiten, nach denen das visuelle Wahrnehmungsfeld gegliedert wird. Es sind weit über hundert bekannt. Obwohl sie sich gegenseitig in ihrer Wirkung überlagern und beeinträchtigen – also treffender als Strukturierungsregeln bezeichnet würden –, hat sich der Fachterminus »Gestaltgesetze« in der Literatur fest verankert.

Gestaltpsychologie
Wissenschaftliche Disziplin innerhalb der Psychologie, die sich u.a. mit der Erforschung der visuellen Wahrnehmung befaßt. Aus ihrem Forschungsbereich stammen die Erkenntnisse der Gestaltgesetze.

Gestaltqualitäten
Unter Gestaltqualitäten verstehen wir formale Faktoren wie bildnerische Spannung, Rhythmus, Einfachheit, Harmonie von Form und Farbe.

Gleichgewicht
Ausgleich der bildnerischen Mittel (Punkt, Linie, Fläche, Farbe) und der durch diese erzeugten Kräfte (Spannung, Rhythmus, Gleichgewicht) auf der linken und rechten Bildhälfte.

Goldener Schnitt
Teilung einer Strecke in dem Verhältnis, daß sich der kleinere Teil zum größeren verhält wie der größere zur Gesamtstrecke (im Zahlenverhältnis rund 5:8).

Harmonie
Das ausgewogen maßvolle Verhältnis der Bildelemente zueinander; der wohltönende Zusammenklang von Formen und Farben.

Hierarchie
Rangfolge, in der Bildelemente wahrgenommen werden.

Informationsästhetik
Wissenschaftliche Disziplin mit der Zielvorstellung, ästhetische Wirkungen von Kunstwerken (so auch Fotos) mit mathematischen Mitteln zu untersuchen und zu beschreiben.

Kompositionsprinzip
Art und Weise, wie bildnerische Mittel auf der Bildfläche zusammengestellt, aufgebaut, gegliedert werden.

Konvergenz
Das Aufeinanderzulaufen, z.B. der Linien in zentralperspektivisch gezeichneten oder fotografierten Bildern.

Kreativität
→ Fotografie, kreative

langbrennweitige Objektive
→ Teleobjektive

Lustprinzip
Psychoanalytische These, wonach menschliches Handeln primär durch Suche nach Lust und Vermeidung von Unlust bestimmt wird.

Motiv
Beweggrund, Antrieb, im übertragenen Sinn die typische Situation, der Ausschnitt aus der Wirklichkeit, der jemanden zum Fotografieren bewegt.

Muster- und Streifenlandschaften
Landschaftsfotos, die aus wenigen Streifen mit gleicher oder ähnlicher Oberflächenstruktur (Muster) aufgebaut sind.

Physiologie
Lehre von den Lebensvorgängen der Organismen, die in den Zellen, Geweben und Organen ablaufen.

Polarität
Das entgegengesetzt Wirkende. In den bildenden Künsten und der Fotografie: das spannungsgeladene Spiel gegensätzlicher »Kräfte« (Hell und Dunkel, leuchtende und getrübte Farben, große und kleine Formen) und ihre rhythmisch-harmonische Anordnung auf der Bildfläche.

prägnant
Treffend, deutlich in bezug auf das Umfeld; knapp, aber bedeutsam.

Prägnanztendenz
Neigung des Wahrnehmungsapparats, unpräzise Linienverläufe und unausgeprägte Formen zu vereinfachen, zu vervollständigen, zu »verbessern«, kurz: prägnant zu machen.

Psychoanalyse
Die von Sigmund Freud entwickelte psychologische Theorie, wonach die entscheidenden Antriebe sexueller Natur sind. Wichtig in vorliegendem Zusammenhang ist die These, daß verdrängte Triebe durch künstlerisches Tätigsein sublimiert werden können, weiterhin, daß durch Betrachtung erotischer Bilder Abbau (oder Intensivierung) sexueller Triebstauung erfolgt.

Raumillusion
Die durch gewisse Linienführung (→ Zentralperspektive) und/oder Farbsetzung (→ Farbperspektive) entstehende tiefenräumliche Wirkung auf der Bildfläche.

Reizsituation, optische
Ausschnitt der Wirklichkeit, die den Betrachter interessiert und »anreizt« als fotografisches Motiv. Identisch mit Reizmuster.

Reizsummenregel
In der Psychologie: Übertreibung von Einzelmerkmalen der Schlüsselreize (→ Auslösemechanismus), z.B. »supergroßer« weiblicher Busen in der Werbung. Hier: Die Summe wahrnehmungsfördernder Faktoren, wie erotisch anregend + inhaltlich überraschend + originell gesehen + und formal überzeugend gelöst.

Renaissance
Stilbegriff für eine gesamte Zeitepoche, die in Italien vom 14. ins 16. Jahrhundert reicht. Das Wort »Renaissance«, nach frz. »a renaissance« = Wiedergeburt, wurde in der Mitte des 19. Jahrhunderts geprägt.

Rhythmus
Der lebendige, »fließende« Wechsel von Formen und Farben auf der Bildfläche.

Sandwich-Aufnahmen
Das Montageergebnis zweier in einem Diarähmchen gefaßter Diapositive. Technisch optimale Ergebnisse werden erzielt, wenn man die beiden – leicht überbelichteten – Aufnahmen Schicht auf Schicht rahmt. Dies garantiert Schärfe und verhindert Newtonringe.

Schärfe, selektive
→ Schärfentiefe

Schärfentiefe
Bereich der scharfgezeichneten Zone vor und hinter der Einstellebene des Objektivs; auch (da vom Fotografen bewußt ausgewählt = selektiert) als »selektive Schärfe« bezeichnet.

Schlüsselreize
→ Auslösemechanismus

Sehfeld
→ Wahrnehmungsfeld

Sensibilität, visuelle
Fähigkeit, feinste Form- und Farbunterschiede in der Natur und in Kunstprodukten wahrzunehmen und/oder selbst durch künstlerisches Tätigsein (malen, fotografieren) zu erzeugen.

Signalreize
→ Auslösungsmechanismus

Spannung, visuelle
Manche Hervorbringungen der Natur besitzen eine starke Ausstrahlungskraft, eine besondere innere und äußere Anschauungsdynamik. Seit Wassily Kandinsky ist es üblich, diese »Bewegung«, die auch von Kunstobjekten ausgehen kann, als visuelle Spannung zu bezeichnen. In dieser Bedeutung wird der Begriff in vorliegendem Buch verwendet: als die den Formen und Farben innewohnende und auf den Betrachter ausstrahlende Kraft.

Stimuli
Allgemein: anregende, aufpeitschende Reizmittel wie Koffein und Cola. In unserem Zusammenhang: Umweltreize, die die optische Wahrnehmung unbemerkt beeinflussen.

Struktur
Der auf das lateinische Wort »structura« zurückgehende Begriff mit der Bedeutung »ordentliche Zusammenfügung, Ordnung, Schichtung, innere Gliederung« wird von uns in derselben, auf den Bildaufbau (die Komposition) bezogenen Bedeutung gebraucht.

Suchverhalten
Triebspannungen (Hunger, unerfüllte Neugierde, sexueller Triebstau) lösen erhöhte Aktivität und gezielte Aufmerksamkeit aus. Beide vereinen sich zu typischem Verhalten, in der Psychologie als »Suchreaktion« bezeichnet.

technische Mittel
Als technische Mittel bezeichnen wir die Verwirklichungsmittel wie Kameratyp, Objektiv, Filter und Film.

Teleobjektive
Objektive ab etwa 85 mm Brennweite bei Kleinbildkameras; bei 6 x 6-cm-Kameras von 120 mm Brennweite aufwärts.

Tiefe, optische
→ Raumillusion

Überlagerung
Die Überschneidung einer Figur (Form- oder Farbfläche) durch eine andere.

Umfeld, visuelles
Jedes Wahrnehmungsfeld (= fotografisches Motiv) wird vom Auge spontan in Figur und Grund gegliedert. Das Wort Umfeld ersetzt den weniger präzisen Begriff Grund.

Varioobjektive
Objektive mit veränderlicher Brennweite, welche durch Drehen oder Ziehen (deshalb auch Zoomobjektive genannt; von englisch »zoom« = steil nach oben ziehen, hochreißen) variiert wird.

Verformung
Bestimmte Abweichungen von Objektiven (z.B. Raute neben Quadrat, Spiegelbilder in gekrümmten Scheiben, Linien in Fisheye-Aufnahmen) werden als Verformungen wahrgenommen. Diese rufen immer Tiefenwirkung hervor. Sie sind deshalb ein wichtiges Mittel zur Darstellung der dritten Dimension des Raumes auf der zweidimensionalen Fläche des Fotopapiers.

Vergleichende Verhaltensforschung
Erforschung biologisch bedeutsamer Abläufe bei Mensch und Tier. Bedeutsam für die Fragestellungen des vorliegenden Buchs ist das Problem, inwieweit angeborene auslösende Mechanismen (AAMs) ästhetische Urteile beeinflussen.

Verwischungseffekt
Die rasche Bewegung (= das Mitziehen) der Kamera während relativ langer Belichtungszeiten (ab etwa 1/30 s) führt zu einem Verwischungseffekt. Dabei wird die sich bewegende Figur scharf, das Umfeld bewegungsunscharf abgebildet.
Bewegungsunschärfe entsteht auch, wenn ein bewegtes Objekt bei relativ langer Belichtungszeit von 1/15 bis 1/4 s »unscharf« vor scharfem Umfeld fotografiert wird.

Wahrnehmung, optische
Dem Begriff »optisch« liegt das griechische Adjektiv »optiké« zugrunde. Optische Wahrnehmung wäre demnach das »zum Sehen gehörige, das Sehen betreffende« Erfassen der Wirklichkeit. Visuelle Wahrnehmung ist identisch damit.

Wahrnehmungsfeld
Der vom menschlichen Auge während eines Wahrnehmungsvorganges erfaßbare Wirklichkeitsausschnitt; identisch mit Sehfeld.

Weichzeichnereffekt
Diffus-neblig wirkende, leicht unscharfe Fotos. Erreicht wird der Effekt durch spezielle Filter, durch Behauchen oder partielles Bestreichen der Objektivlinse (bzw. eines vorgesetzten Skylight-Filters).

Weitwinkelobjektive
Objektive, die einen großen Bildwinkel von etwa 65–180° erfassen, was bei Kleinbildkameras Objektivbrennweiten von 35 mm bis 7,5 mm entspricht.

Zentralperspektive
Räumliche Darstellung, bei der sich alle in die Tiefe laufenden Linien auf einen Fluchtpunkt beziehen. Die konstruierte, wissenschaftliche Zentralperspektive ist eine Entdeckung italienischer Renaissancekünstler des 14. Jahrhunderts.

Zoomobjektive
→ Varioobjektive

REGISTER

BIBLIOGRAPHIE

Albers, Josef: »Interaction of Color«. Verlag Du Mont, Köln 1970

Appeldorn, Werner van: »Die optische Revolution«. Rowohlt Verlag, Reinbek 1972

Arnheim, Rudolf: »Kunst und Sehen«. Verlag Walter de Gruyter, Berlin/New York 1978

Brochmann, Odd: »Über Häßliches und Schönes«. Rembrandt Verlag, Berlin 1956

Daucher, Hans: »Künstlerisches und rationalistisches Sehen«. Ehrenwirth Verlag, München 1967

Franke, Herbert: »Phänomen Kunst«. Heinz Moos Verlag, München 1970

Gollwitzer, Gerhard: »Die Kunst als Zeichen«. Chr. Kaiser Verlag, München 1958

Hess, Walter: »Dokumente zum Verständnis der modernen Malerei«. Rowohlt Verlag, Hamburg 1956

Itten, Johannes: »Kunst der Farbe«. Otto Maier Verlag, Ravensburg 1961

Kandinsky, Wassily: »Über das Geistige in der Kunst«. Benteli Verlag, Bern 1963

Kepes, Gyorgy (Hrsg.): »Sehen und Werten« (6 Bände). Verlag La Connaissance, Brüssel 1967

Klee, Paul: »Tagebücher«. Verlag Du Mont, Köln 1957

Klee, Paul: »Das bildnerische Denken«. Verlag Schwabe & Co., Basel/Stuttgart 1964

Kleint, Boris Herbert: »Bildlehre«. Verlag Schwabe & Co., Basel/Stuttgart 1969

»Knaurs Moderne Psychologie«. Verlag Droemer Knaur, München/Zürich 1972

Leonhard, Kurt: »Die Heilige Fläche«. Klett Verlag, Stuttgart 1966

Lorenz, Konrad: »Über tierisches und menschliches Verhalten«. Deutscher Taschenbuchverlag, München 1968

Matthaei, Jörg Michael: »Grundformen des Grafik-Design«. Heinz Moos Verlag, Gräfelfing 1975

Schuster/Beisl: »Kunst-Psychologie«. Du Mont Buchverlag, Köln 1978